Contents

CW01424744

If you understand the grammatical rules or patterns of a language, it's a real short cut towards learning the language. It will save you having to learn each word or phrase separately.

By working through the **Grammar in Action** series, you will practise many of the basic points of French grammar. This will be a great help to you in understanding and using the French language.

How to use this book

At the top of each page you will see some references, like these:

G 7.2 This tells you where you can find an explanation of the grammar point in the *Grammaire* section at the end of the book.

T T 1 p 31 This tells you where the point is practised in the *Tricolore Total 1* Student's Book.

Before beginning each task, look at the instruction and the example first.

Some pages start with a section called *Complète le résumé*. This is a short summary of the grammar point that you will be practising. You could try this before looking up the rule and when you have done it, check that your answers are correct before you carry on.

Useful definitions

Some technical terms are used in the books and these are explained below. Have a quick look through this now and then refer back to it, if you need to, as you work through the book.

Nouns (*des noms*)
A noun is the name of someone or something or the word for a thing, e.g. Ben, Miss Smith, a box, a pencil, laughter.

Masculine and feminine (*masculin et féminin*)
All nouns in French are either masculine or feminine. (This is called their **gender**.) The **article** (word for 'a' or 'the') will usually tell you the gender of a noun.

	masculine	feminine
a	*un*	*une*
the	*le*	*la*

Singular and plural (*le singulier et le pluriel*)
A singular noun means that there is only one thing or person. In English, 'cat', 'teacher', 'idea' and 'table' are all nouns in the singular. Similarly in French, *le chat*, *le professeur*, *l'idée* and *la table* are all singular nouns. A plural noun means that there is more than one thing or person.

For example, 'students', 'books', 'shops' are all plural nouns in English, just as *les étudiants*, *les livres* and *les magasins* are all plural nouns in French.

Adjectives (*des adjectifs*)
Adjectives are words which tell you more about a noun and they are often called 'describing words'.

In the sentence 'Néron is a large, very fierce, black and white dog' (*Néron est un grand chien noir et blanc et très méchant*), the words big (*grand*), fierce (*méchant*), black (*noir*) and white (*blanc*) are adjectives. In French, adjectives agree with the noun. That is, they are masculine, feminine, singular or plural to match the noun they describe.

Verbs (*des verbes*)
Every sentence contains at least one verb. Most verbs describe what things or people are doing (but the verb 'to be' also counts as a verb), e.g. he buys (*il achète*), I am (*je suis*), she plays (*elle joue*).

Sometimes verbs describe the state of things, e.g.

| *Il fait beau.* | The weather is fine. |
| *J'ai deux frères.* | I have two brothers. |

Verbs in French have different endings depending on the person (I, you, he, she, etc.).

Infinitive (*l'infinitif*)
This is the form of the verb which you would find in a dictionary. It means 'to . . .', e.g. 'to play' (*jouer*). The infinitive never changes its form.

Prepositions (*des prépositions*)
A preposition is a word like 'to', 'at', 'from', 'in' (*à*, *de*, *dans*). It often tells you something about where a thing or a person is.

Glossary
Complète . . .
Complete the . . .

| *les bulles* | *les phrases* | *le résumé* | *le tableau* |
| bubbles | sentences | summary | table |

. . . avec un mot de la case
. . . with a word from the box

Fais des listes	Make lists
Lis . . .	Read . . .
Remplis les blancs	Fill the gaps
Souligne les mots	Underline the words
Trouve les paires	Find the pairs
Utilise . . .	Use . . .

► **G** 1.1 ou **TT1** pp 8, 19

1 Complète le tableau

		masculine	feminine	before a vowel
Exemple:	the	*le*	la ✓	h ✗ l'
	a	un	une	
	he	il		
	she		elle ✓	

2 À la maison

Souligne les mots féminins.

Exemple: la télévision

1 la cuisine
2 le salon
3 la salle à manger
4 la salle de bains
5 la chambre ✓
6 le jardin
7 un lit
8 une table
9 une chaise
10 le garage
11 une fenêtre ✓
12 un baladeur

3 En ville... au village

Souligne les mots masculins.

Exemple: le cinéma

1 la ferme
2 un jardin ✓
3 un café
4 la montagne
5 une maison ✓
6 la porte
7 le village
8 la ville ✓
9 un appartement
10 une île
11 un port
12 un garage

4 Fais des listes

le	la	l'
Exemple: *le père*	*la sœur*	*l'ami*
le grand-père	la mère	l'amie
le garçon	la grand-mère	l'enfant
le demi-frère	la demi-sœur	l'homme.
le fils	la fille	
le cousin	la cousine	
le homme ✗	la femme	

amie   demi-frère
demi-sœur   ~~cousin~~
~~père~~   ~~sœur~~
~~cousine~~   enfant
~~femme~~   ~~fils~~   fille
garçon   ~~grand-père~~
~~grand-mère~~
homme   ~~ami~~
~~mère~~

5 Ça commence par l'

Pour t'aider

If a noun is shown with *l'*, e.g. *l'ordinateur*, you may need to find out whether it is masculine or feminine. To do this, look it up in the vocabulary section of your textbook or in a dictionary. The word will either be listed with *un* or *une*, or it will be followed by m or f.

nom	m ou f	anglais		nom	m ou f	anglais
Exemple: l'ordinateur	*m*	*computer*				
1 l'an	m	year		6 l'idée	F	idea
2 l'animal	m	animal		7 l'instrument	m	musical instrument
3 l'école	F	school		8 l'oiseau	m	bird
4 l'éléphant	m	elephant		9 l'orange	F	orange
5 l'erreur	F	mistake		10 l'uniforme	m	uniform

► **G** 4.1 ou **TT1** p 20

1 Complète le résumé

In French there are .... words for 'my' – *mon*, *ma* or *mes*.

masculine (*un*/*le*)	feminine (*une*/*la*)	before a vowel (*un*/*une*/*l'*)	plural (*les*)
mon frère	ma sœur	mon ami	mes amis
...*mon*... crayon ✓	...*ma*... guitare	...*mon*... amie	...*mes*... livres

Decide which word to use by looking at the noun which follows 'my', not the owner, e.g.

masculine	feminine	before a vowel	plural
Voici ...***mon***... lapin*,	...***ma***... souris	...***mon***... oiseau**	et ...***mes***... poissons***.
Voici ...*mon*... lapin,	...*ma*... souris,	...*mon*... oiseau	et ...*mes*... poissons.

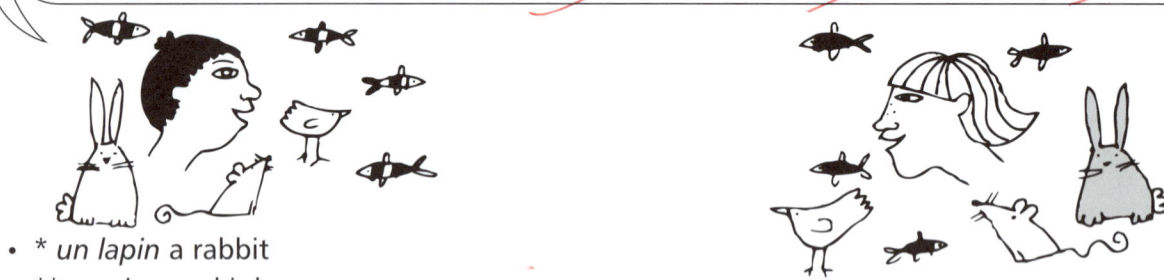

- * *un lapin* a rabbit
- ** *un oiseau* a bird
- *** *un poisson* a fish

2 Complète le tableau

	a/some	the	my
Exemple:	un chien	le chien	mon chien
1	un chat	...*le*... chat ✓	...*mon*... chat ✓
2	une guitare	...*les*... guitare ✗ *sing la*	...*ma*... guitare ✓
3	...*une*... calculatrice	la calculatrice	...*ma*... calculatrice ✓
4	des amis ✗ *plural*	...*une*... amis ✗ *plural des*	...*mon*... amis ✗ *mes*
5	*des* ...*une*... animaux ✗	les animaux	...*mes*... animaux ✓
6	un anniversaire	l'anniversaire	...*mon*... anniversaire ✓
7	des feutres	*les* ...*une*... feutres ✗ *plural*	...*mes*... feutres
8	...*une*... vélo ✗ *un*	...*le*... vélo ✓	...*mon*... vélo ✓

3 Qu'est-ce qu'il y a dans ton cartable?

You are packing for school – but you can't get everything in your school bag. You decide to take only the things which begin (in French) with:

'c' (4 things); 'g' (1 thing); 't' (3 things).

List what you take.

Exemple: 1 *mes cahiers,*

mes (*des*) ciseaux *ma* ... *mon* ... calculette, *une* crayon, *mon* cahier, *une* gomme, *une* trousse, *une* taille-crayon, un tableau.

you should have used mon ma mes

▶ **G** 4.1 ou **T.T 1** p 20

1 Complète le résumé

Ton, *ta* and *tes* are the three French words for 'your', if you are speaking to someone you would normally call *tu*. They work just like *mon*, *ma* or *mes* ('my').

masculine (*un*/*le*)	feminine (*une*/*la*)	before a vowel (*une*/*l'*)	plural (*les*)
ton frère	ta sœur	ton ami	tes amis
.... crayon *(un ✗ ton)*	.... guitare *(ma → ta)*	.... amie *(l' → ton)*	.... cahiers *(un ✗ tes)*

Remember, you decide which word to use by looking at the noun which follows 'your' not the owner, e.g.

masculine	feminine	before a vowel	plural
J'aime __ton__ lapin,	et __ta__ souris,	et j'adore __ton__ oiseau	et __tes__ poissons.

J'aime t _mon_ lapin, *(ton)* et j'aime beaucoup t _a_ souris, mais je préfère t _on_ oiseau et t _es_ poissons. ✗

2 Complète le tableau

the — *le/la/les/l'*	my	your
Exemple: le chien	mon chien	__ton__ chien
1. _une_ chambre ✗ *la*	ma chambre	_Ta_ chambre ✓
2. le lit	_mon_ lit ✓	_Tes_ lit ✗ *ton*
3. _une_ chaise ✗ *la*	ma chaise	_Ta_ chaise ✓
4. les affaires	_mes_ affaires ✓	_tes_ affaires ✓
5. _tes_ animaux ✓	mes animaux	_tes_ animaux ✗ *tes*
6. l'affiche* (f)	mon affiche	_Ta_ affiche ✗ *ton*
7. _une_ maison ✗ *la*	ma maison	_ton_ maison ✗ *ta*
8. la tarentule**	_mon_ tarentule ✗ *ma*	_Ta_ tarentule ✓

une affiche a poster **une tarentule* a spider

Ask me to rence this mtt you.

3 Thomas travaille (?)

Tu as toutes __tes__ affaires, Thomas? Tu as (1) t .... trousse (f) avec (2) t .... crayons, (3) t .... stylo (m), et (4) t .... gomme (f)? Tu as (5) t .... taille-crayon (m), (6) t .... calculatrice (f) et (7) t .... classeur (m)? Tu es sûr que tu as (8) t .... livres?)

Bien sûr, Maman. Maintenant, je vais travailler.

► **G** 2.1, 2.2 ou **T T 1** pp 31, 33

1 Complète le tableau

anglais	(masc.) français	(fém.)
Most adjectives add an **-e** for the feminine form.		
blue	*bleu*	*bleue*
brown	*brun*	
grey		*grise*
black		*noire*
green	*vert*	
big	*grand*	
small		*petite*
naughty, fierce	*méchant*	
Adjectives which already end in **-e** have the same form in the feminine.		
yellow	*jaune*	
red		
enormous	*énorme*	
Sometimes the feminine form is slightly different.		
white	*blanc*	*blanche*
sweet		*mignonne*

2 Complète les phrases

a Les chiens et les chats

Exemple: Télé est un **petit** chien. *(small)*

1 Il est .... *(black)*
2 Blanco est un chat .... *(white)*
3 Il est .... *(sweet)*
4 Géant est un chat .... *(enormous)*
5 Il est .... *(grey)*
6 Néron est un .... chien. *(big)*
7 Il est .... et .... *(black, white)*
8 Et il est .... *(fierce)*

b Les souris et les perruches

1 Minnie est une souris .... *(white)*
2 Elle est .... *(small)*
3 Hortense est une souris .... *(enormous)*
4 Elle est .... *(grey)*
5 Agathe est une .... perruche. *(small)*
6 Elle est .... et elle est ....
   (green, sweet)
7 Annie est une .... perruche. *(big)*

3 Toutes les couleurs

Complète les phrases.

Exemple: une calculatrice **blanche** *(white)*

1 une gomme .... *(green)*
2 un cartable .... *(blue)*
3 un stylo .... *(red)*
4 une trousse .... *(yellow)*
5 un crayon .... *(white)*

6 un taille-crayon .... *(black)*
7 une règle .... *(grey)*
8 une boîte .... *(blue)*
9 un classeur .... et .... *(blue, red)*
10 un sac .... et .... *(green, yellow)*

4 Animaux perdus

Complète les descriptions.

a Avez-vous vu notre lapin?

   Il est ....

   ....

b Avez-vous vu notre chatte?

   Elle est ....

   ....

▶ G 11 ou TT1 p 37

1 Complète le résumé

| animal | ~~friend~~ | older |
| two | younger | |

Use *tu*:

• for a (1) ..... *friend* ..... or close relative;

• for someone your own age or (2) .... ; for an (3) ....

Use *vous*:

• for (4) .... or more people; for an (5) .... person.

2 En classe

Lis les phrases. Si le prof parle à un élève, écris '1'. Si le prof parle à toute la classe, écris '2'.

Exemple: Travaillez en groupes. __2__   Lis la question. __1__

1 Asseyez-vous. ....
2 Ouvrez les livres. ....
3 Donne-moi ça. ....
4 Écoutez le CD. ....

5 Essuie le tableau. ....
6 Viens ici. ....
7 Distribue les cahiers. ....
8 Répondez aux questions. ....

9 Copiez les mots. ....
10 Écris ton nom. ....

3 Trouve les paires

Draw lines to join each question with the correct answer.

Exemple: You're calling the dog. ..... *c* .....

1 You're calling the cat. ....
2 You ask your teacher if s/he likes sport. ....
3 You ask your friend if s/he likes sport. ....
4 You ask an old lady if she has a pet. ....
5 You ask your friend's brother if he has a pet. ....
6 You tell your friends to come to where you are. ....
7 You ask several friends which colour they prefer. ....
8 You ask your best friend which colour s/he likes best. ....

a Est-ce que tu as un animal?
b Est-ce que vous avez un animal?
c Viens ici.
d Venez ici.
e Est-ce que tu aimes le sport?
f Est-ce que vous aimez le sport?
g Tu préfères quelle couleur?
h Vous préférez quelle couleur?
i Viens, vite Minou.

4 Complète les bulles

Exemple:

Tu habites à Paris?

1

.... h .... à Paris?

2

Est-ce que ..... a ..... la musique?

3

Est-ce que .... a .... les chiens?

4

.... p .... quel sport?

5

.... p .... quel sport?

► **G** 8.2 ou **TT1** p 34

1 Complète le tableau

- There are several ways of asking questions in French, including just (1) _raising_ your voice at the end of a (2) ....
- Often you can add *Est-ce que* to the (3) .... of a sentence to change it into a question.
- Remember to change this to *Est-ce qu'* if the next word begins with a (4) ....

beginning	~~raising~~
sentence	vowel

2 C'est une question?

Write a question mark after each question below. (Not all of them are questions!)

Exemple:

Est-ce que tu as un chat ...?...

Oui, j'ai un chat ...–...

1 Est-ce que tu as un animal à la maison ....
2 Oui, j'ai deux animaux, un chat et un lapin ....
3 Ma famille adore les animaux ....
4 Est-ce que vous aimez les chiens ....
5 Est-ce que tu préfères les chiens ou les chats ....
6 Est-ce que tu aimes écouter de la musique ....
7 Est-ce que tu préfères écouter de la musique ou regarder la télévision ....
8 Moi, je préfère la musique ....

3 Questions et réponses

Draw lines to join each question with the correct answer.

Exemple:

Est-ce que Jean-Marc joue de la guitare? ....d....
1 Est-ce que Marseille est une grande ville? ....
2 Est-ce que tu as un ordinateur à la maison? ....
3 Est-ce que tu as une radio dans ta chambre? ....
4 Est-ce qu'on va au café vendredi? ....
5 Est-ce qu'il y a un café près d'ici? ....
6 Est-ce que ta grand-mère habite avec ta famille? ....
7 Est-ce que nous sommes lundi aujourd'hui? ....
8 Est-ce qu'il y a un match contre Saint-Étienne samedi? ....

a Non, elle habite dans un appartement.
b Non, nous sommes mardi aujourd'hui.
c Oui, il y a un ordinateur dans le salon.
d Oui, Jean-Marc joue de la guitare.
e Oui, j'ai une radio près de mon lit.
f Oui, Marseille est une grande ville.
g Non, on va au cinéma vendredi.
h Oui, il y a un match samedi après-midi.
i Oui, il y a un café près d'ici.

4 Change ces phrases en questions

Utilise **Est-ce que (qu')** *– l'expression magique!*

Exemple:

Luc aime les jeux vidéo.   *Est-ce que Luc aime les jeux vidéo?*

1 Tu habites dans une grande ville.   ....

2 Luc a des frères ou des sœurs.   ....

3 Ta maison est assez grande.   ....

4 Il y a un cyber-café dans ta ville.   ....

5 Vous aimez le sport.   ....

6 Tu as des photos de ta famille.   ....

▶ **G** 8.1, 8.2 ou **T|T|1** pp 17, 27, 39

1 Complète le tableau

Question words are a useful way of asking questions, e.g.

1 qui? *who?*
2 où? ....
3 quand? ....
4 qu'est-ce que c'est? ....

5 combien (de)? ....
6 comment? ....
7 de quelle couleur? ....
8 quel (le)? ....

| what colour? | where? | how many? | which/what? |
| what is it? | when? | how?/what | like? | ~~who?~~ |

2 C'est une question?

Write a question mark after each question below. (Not all of them are questions!)

Exemple: Qui est-ce ...?... C'est le professeur ...–...

1 Qu'est-ce que tu préfères ....
2 Il est noir et blanc ....
3 C'est mercredi aujourd'hui ....
4 Combien de CD as-tu ....

5 Comment ça va ....
6 Qu'est-ce qu'il y a à la radio ....
7 C'est quand, le match ....
8 Il est comment, ton chien ....

3 Trouve la question

Draw lines to join each answer (1–8) with the correct question (a–i).

Exemple: Je m'appelle Michel (Michèle). *i*

1 J'ai douze ans. ....
2 J'habite dans un appartement à Lille. ....
3 Il y a un lit, une table et une télévision. ....
4 Non, mais mon frère a un ordinateur. ....
5 Oui, j'ai un lapin. ....
6 Il s'appelle Toto. ....
7 Il est gris et blanc. ....
8 J'aime aller en ville. ....

a Quel âge as-tu?
b De quelle couleur est-il?
c Est-ce que tu as un ordinateur?
d Est-ce que tu as un animal à la maison?
e Qu'est-ce que tu aimes faire le samedi?
f Qu'est-ce qu'il y a dans ta chambre?
g Il s'appelle comment?
h Où habites-tu?
i Comment t'appelles-tu?

4 Complète les questions

Choose a question word from the box to complete each question.

Exemple: *Combien de* crayons as-tu? J'ai 10 crayons.

1 – .... est la salle de bains?
– Elle est près de ma chambre.
2 – Le concert, c'est .... ?
– C'est le 10 juin.
3 – Il y a .... de chambres dans ton appartement?
– Trois: la chambre de mes parents, ma chambre et la chambre de mon frère.
4 – .... est le jeune homme sur cette photo?
– C'est mon cousin, Nicolas.
5 – .... t'appelles-tu?
– Je m'appelle Charlotte.
6 – .... jour sommes-nous?
– C'est lundi aujourd'hui.

~~combien de~~ quel
qui comment quand
où combien

▶ **G** 8.1, 8.2 ou **T T1** pp 17, 27, 39

I Un message

Imagine that this is your first e-mail to your new French pen-friend. Write some questions you could ask them in your message. You can refer back to pages 10 and 11 for help.

Salut!

Je m'appelle Simon(e) et j'ai douze ans.

You want to find out . . .

Exemple: . . . if they're 12 as well. *Est-ce que tu as douze ans aussi?*

1 . . . if they have any brothers or sisters   1 *Est-ce que tu as . . .*

2 . . . if they have any pets   2

3 . . . if they like sport   3

4 . . . if they have a computer   4

5 . . . how many pupils there are in their class   5

6 . . . if they prefer cats or dogs   6 *Est-ce que . . .*

7 . . . which colour they prefer   7

8 . . . what there is in their bedroom   8

1 Complète le tableau

être (to be)

je	**suis**	I am	nous	**sommes**	we are
tu	**es**	you (familiar) are	**vous**	êtes	you (plural) are
il	**est**	he/it is	ils	**sont**	they are
elle	**est**	she/it is	**Elles**	sont	they (f) are
on	**est**	(some) one is/we are			

2 Ma famille

Draw lines to join both parts of each sentence.

Exemple:

Notre famille ———

1 Je

2 J'ai treize ans, et mon anniversaire

3 Mon demi-frère Simon a treize ans aussi. Nous

4 Simon

5 Nous avons deux sœurs, Claire et Isabelle. Elles

6 Claire

7 Nous avons un chat, Mitzi. Il

8 Il y a aussi trois lapins. Ils

d	a est ma petite sœur, elle a six ans. ~~Sister~~
e	b sommes dans la même classe au collège.
g	c est noir et blanc.
b	d est assez grande.
f	e suis Alice Durand.
A	f est sportif, il adore le football.
D	g est le trois mai.
C	h sont très mignons.
H	i sont très gentilles.

3 Des lettres pour Mathilde et Caroline!

Complete this cartoon story by filling each gap with the correct part of the verb **être**.

FACTEUR	Bonjour, Mademoiselle. Cette lettre **est** pour Mlle Caroline Lionel. Vous (1) **êtes** Mlle Caroline Lionel?
MATHILDE	Non, Monsieur. Moi, je (2) **suis** Mathilde Lionel.
FACTEUR	Mais cette lettre (3) **est** pour Mlle Caroline Lionel. Elle habite ici?
MATHILDE	Bien sûr. C' (4) **est** ma sœur. Nous (5) **sommes** jumelles*. Caroline, tu (6) **es** là? Il y a une lettre pour toi.
FACTEUR	Ah, bonjour, Mademoiselle. Vous (7) **êtes** Mlle Caroline Lionel?
CAROLINE	Oui, oui. Je (8) **suis** Caroline Lionel.
FACTEUR	Très bien. Signez ici, s'il vous plaît.
CAROLINE	Au revoir, Monsieur.
FACTEUR	Attendez, attendez! Il y a d'autres lettres encore.
CAROLINE	D'autres lettres pour moi?
FACTEUR	Non, non. Ces lettres (9) **sont** pour Mlle Mathilde Lionel.
CAROLINE	Zut alors. Mathilde, Mathilde! Tu (10) **es** toujours là? Il y a des lettres pour toi!

* *jumelles* twins (f)

▶ **G** 1, 2 ou **TT** 1 pp 33, 53

1 Complète le tableau

	singulier (only one thing)	*pluriel* (two or more)
	un, une le, la, l'	....
Most words add *-s* to form the plural, e.g.	un livre	....
If the word already ends in *-s*, don't add another, e.g.	une	des souris
A few words have a special plural ending in *-x*, e.g.	un .... un	des oiseaux des animaux
Words which describe a plural noun, such as colours, are in the plural form as well.	un sac vert	des sacs ....

2 À la maison

Souligne les mots de la case qui sont au pluriel.

la porte   des animaux   un chien   <u>les chambres</u>   les maisons
un appartement   la cuisine   des lits   un pantalon   une radio
une table   des chaussures   les fenêtres   les chaises   une souris

3 Les animaux

Trouve les phrases qui sont au pluriel.

Exemple: 1, ...

1 Les lapins blancs mangent des carottes.
2 Un petit chien noir chasse un grand chat gris.
3 Les souris détestent les chats.
4 Les oiseaux aiment chanter.

5 Jojo adore le fromage.
6 Mon ami a un grand chien brun.
7 Mes parents adorent les chiens.
8 Regarde le cheval blanc. Il est magnifique.

4 Alain et Alphonse

Complète les bulles.

Alain

J'ai . . .
un lapin noir   un chien méchant
un grand perroquet   un rat horrible
un hamster mignon   un serpent vert
un chat fantastique

Alphonse

Mais moi, j'ai . . .
deux *lapins noirs* ....
deux ....
trois ....
deux ....
deux ....
cinq ....
six ....

► G 11.13 ou T1 p 55

I Complète le tableau

avoir (to have)

j'	....	I have
tu	....	you (familiar) have
il	....	he/it has
elle	....	she/it has
on	*a*	(some)one has
nous	....	we have
....	avez	you (plural) have
ils	ont	they ....
....	ont	they (f) have

2 Salut!

Souligne le bon verbe.

Salut!
Merci de ton message. Tu demandes si nous (Ex.) (<u>avons</u> / avez / as)
des animaux à la maison. Oui, nous (1) (avons / as / a) deux chats
et un petit oiseau. Il s'appelle Troppo et il (2) (a / as / ont) une cage
dans ma chambre.

Est-ce que vous (3) (a / ai / avez) des animaux aussi?

J'adore la musique et dans ma chambre, j' (4) (ont / ai / avons)
un lecteur MP3. Ma sœur aînée (5) (ai / as / a) une télévision et
mes frères (6) (ont / a / avons) un ordinateur. Et toi, qu'est-ce que
tu (7) (a / as / avez) dans ta chambre?

À bientôt!
Caroline

3 Un acrostiche

Verticalement

Exemple: Nous *avons* un grand jardin devant la maison.

Horizontalement

1 J' .... douze ans.

2 Est-ce que vous .... des animaux chez vous?

3 À la maison .... avons deux chats.

4 Et mes petites sœurs, elles .... deux hamsters.

5 Tu .... des frères ou des sœurs, toi?

1	A	
2	V	
3	O	
4	N	
5	S	

► G 11.13 ou TT1 p 55

1 Qu'est-ce qu'on dit?

Complete the captions with the correct part of the verb **avoir**.

Exemple: Combien de frères _as-tu?_

1 Combien de sœurs .... -tu?

2 Est-ce que Michel .... un chien?

3 Quel âge .... -t-elle?

4 .... -vous des bananes?

5 Est-ce que vous .... des œufs de Pâques?

6 Oui, nous .... beaucoup d'œufs de Pâques.

7 Regarde, j'............... un œuf en chocolat pour toi.

8 Maintenant ils .... tous des œufs de Pâques.

2 Un jeu de logique

a Complète les phrases avec la bonne forme du verbe avoir.
b Qui parle – un garçon (G) ou une fille (F)?

Exemple: J' _ai_ un frère – nous sommes jumeaux* identiques**. _G_

1 Mes parents n'............... pas de fils et j'............... deux sœurs. ....

2 Mon père .... seulement un fils; c'est moi! ....

3 J'............... un frère. Mon frère n'............... pas de sœur. ....

4 J'............... une sœur, Marie-Claire – nous sommes jumelles***. ....

5 Dans notre famille, nous n'............... pas de fille. ....

6 Mon frère Alain n'............... pas de frère. ....

7 Mes deux sœurs .... un frère. Moi, j'............... deux sœurs. ....

* *des jumeaux* twins (two boys or a boy and a girl)

** identical twins must both be of the same sex.

*** *des jumelles* twins (both girls)

► **G** 11 ou **TT1** pp 65–67

1 Complète le résumé

a *Complète les phrases avec un mot de la case.*

1 Every sentence contains at least one _verb_

2 Verbs usually tell you:
   a what someone (1) _is doing_
   or
   b what (2) _is happening_

3 The part of the verb that you find in a dictionary is called the (3) _infinitive_
   It means 'to do something', e.g. 'to play'.

4 Often verbs have different (4) _endings_ according to the person or thing that
   the verb is talking about.

endings	is happening
infinitive	verb	is doing

b *Complète le verbe.*

travailler (to work)

je **travaille** I work, am working
tu _travailler_ you work, are working
il _travaille_ he/it works, is working

elle _travaille_ she/it works, is working
Pierre _travaille_ Pierre works, is working
Nicole _travaille_ Nicole works, is working

2 Une conversation

Souligne les verbes.

– Moi, j' adore le sport. Je joue au tennis, au badminton et au golf et je regarde tous
   les matchs à la télévision. Et toi, tu aimes le sport?

– Non, je déteste le sport. Je préfère la musique. Je joue de la trompette et j'écoute
   souvent des concerts à la radio.

3 On cherche un(e) correspondant(e)

a *Souligne le bon mot.*

Théo

Laura

Exemple: J'(habite / habites / habitent) au Canada.

1 J'(adores / adore / adorons) le sport.
2 Je (jouez / jouent / joue) au badminton.
3 Je (regarde / regardes / regardez) beaucoup
   de sport à la télé.
4 Je (cherche / cherches / cherchent) un
   correspondant français.

5 Tu (habite / habites / habitez) en France?
6 Tu (aimes / aime / aimons) le sport et la musique?
7 Tu (parle / parles / parlez) français?
8 Tu (cherche / cherches / cherchent) une
   correspondante française?
   Alors, écris-moi!

b *Complète les phrases.*

Lucas

Manon

Exemple: Il **parle** français. (parler)

1 Il _habite_ en Belgique. (habiter)
2 Il _adore_ la musique. (adorer)
3 Il _joue_ du piano. (jouer)
4 Il _cherche_ un correspondant anglais.
   (chercher)

5 Elle _aime_ les animaux. (aimer)
6 Elle _joue_ au golf. (jouer)
7 Elle _déteste_ le football. (détester)
8 Elle _parle_ français et anglais. (parler)

▶ **G** 11 ou **TT1** pp 65–67

Pour t'aider   Remember, after a person's name, use the part of the verb which goes with *il* or *elle*, for example: *Pierre regarde un livre. Marie danse. Le garçon aime le football. Ma sœur cherche les cahiers.*

1 En classe

Complète les phrases.

Exemple: Une fille **parle** avec une amie. (parler)

1 Un garçon ....regarde..........un livre d'Astérix. *(regarder)*
2 Luc ....dessine..........(dessiner) un chat.
3 Nicole ....joue..........aux cartes. *(jouer)*
4 Marc ....Je coute..........de la musique. *(écouter)*
5 Mon frère ....mange..........ses sandwichs. *(manger)*
6 Robert ....mange..........un gâteau. *(manger)*
7 Lucie ....chante..........(chanter)
8 Un garçon ....saute..........sur une chaise. *(sauter)*
9 Une fille ....danse..........sur la table. *(danser)*
10 Attention! Le professeur ....arrive..........(arriver)

2 Un frère ou une sœur, c'est bien?

Complète les dialogues.

– Tu (jouer) ..**joues**.......... avec ton petit frère, Alain?
– Avec Henri, ah non! Il (1 *sauter*) ....saute....sur le lit, il (2 *dessiner*) ....dessine....sur les murs et il (3 *manger*) ....mange....mes bonbons.
– Et toi, Lucie, tu (4 *jouer*) ....joues.... avec ta petite sœur?
– C'est difficile!! Quand je (5 *travailler*) ....travaille...., Sophie (6 *chanter*) ....chante....ou elle (7 *danser*) ....danse....et elle (8 *parler*) ....parle....tout le temps.

► G 11 ou T T1 pp 65–67

NO - you have used infinitives instead of stem + endings. Please redo - ask me to explain.

1 Des conversations

Choose the correct verb from the box and write the correct form to complete the conversations (you can use the same verb more than once).

Exemple: regarder – Tu *regardes*

adorer aimer détester jouer regarder

a On parle du sport

– Tu *regardes* le match aujourd'hui?
– Oui, ma sœur (1) j ouer dans le match. Et toi, tu (2) a dorer le hockey?
– Non, je (3) d étester ça, mais j'(4) a imer le tennis. Aujourd'hui, je (5) j ouer au tennis.

b En discothèque

aimer danser préférer*

– Tu (1) d anser ?
– Non, merci. Je (2) p referer écouter de la musique.
– Tu (3) a aimer cette chanson?
– Oui, c'est sensas!

c Au téléphone

écouter jouer ranger regarder travailler

– Tu (1) t ravailler aujourd'hui?
– Non, je (2) r anga un film à la télé. Et toi?
– Je (3) r egarder ma chambre et j'(4) é couter de la musique.
– Et ton frère?
– Il (5) j ou au football.

d Au café

aimer manger préférer*

– Qu'est-ce que tu (1) m anger ?
– Je (2) m anger un sandwich au fromage. Tu (3) a imer le fromage?
– Non, je (4) p referer le chocolat.

e Dans la rue

habiter parler

– Tu (1) p arler français?
– Oui, (2) je p ar français et anglais.
– Tu (3) h habit en ville?
– Non, j'(4) h abit dans un village près d'ici.

2 Un petit lexique

Complète la liste.

français	anglais	français	anglais	français	anglais
Exemple:					
adorer	*to adore/like very much*	détester	dislike/hate	penser	think
aimer	love/like/enjoy	écouter	listen to	préférer*	prefer
arriver	come/arrive	entrer	go inside	ranger	tidy/clean
chanter	sing	habiter	live	regarder	look
chasser	go hunting	jouer	play	rester	be left
chercher	look for	manger	eat	rentrer	go back in
danser	danse	parler	speak	sauter	jump
dessiner	draw	partager	share	travailler	work

*With this verb, the accent changes to: *je préfère, tu préfères, il/elle/on préfère.*

▶ **G** 11 ou **T T 1** pp 65–67

I Complète le résumé

parler (to speak)

je	....	I speak, am speaking	nous	....	we speak, are speaking
tu	....	you (singular) speak, are speaking	vous	....	you (plural) speak, are speaking
il	....	he/it speaks, is speaking	ils	....	they speak, are speaking
elle	....	she/it speaks, is speaking	elles	....	they (f) speak, are speaking
on	....	(some)one speaks/is speaking			

Complète les phrases.

1 *Ils* is used when there are two or more males or a mixed group, e.g.

   Est-ce que Clément et Sarah regardent le film?

   Non, ... jouent au tennis dans le parc.

2 *Elles* is used when there are two or more females, e.g.

   Mélanie et Claire jouent au tennis aussi?

   Non, ... jouent avec l'ordinateur.

2 Trouve les paires

Draw lines to join up both parts of each sentence.

Exemple: Le chat ⎯⎯ *d* ....   a chante des chants de Noël.

1 Nous ....   b travaillent dans un magasin.

2 En décembre, on ....   c aimes le sport?

3 Vous ....   d entre dans la cuisine.

4 Lucas et Manon ....   e préparons un gâteau spécial.

5 Tu ....   f habite à Paris.

6 J' ....   g parlez français, Madame?

3 Des cartes postales

Complète les phrases.

a

Nice, le 27 mai

Nous (Ex. passer) **passons** *cinq jours chez des amis. Ils (1 habiter)*

.... à Nice. Monsieur Dupont (2 travailler) .... dans un restaurant, alors on (3 manger) .... très bien! Aujourd'hui, mon père (4 jouer) .... au golf, mais ma mère et moi, nous (5 jouer) .... au tennis. J'(6 adorer) .... ça.

À bientôt!

Dominique

b

Strasbourg, le 2 juin

Je (1 passer) .... une semaine en France. Ma correspondante (2 habiter) .... dans un village près de Strasbourg. Ses parents (3 travailler) .... dans le magasin du village. Aujourd'hui, il pleut, alors nous (4 jouer) .... au Monopoly. Marie (5 aimer) .... bien les crêpes, alors ce soir, nous (6 préparer) .... des crêpes pour toute la famille.

Amitiés,
Suzanne

► **G** 11 ou **TT1** pp 65–67

1 Mots croisés

Horizontalement

1 Paul et Claire . . . le chien. *(chercher)*

3 Le samedi, mon frère . . . dans un supermarché. *(travailler)*

4 Tu . . . ta chambre avec ton frère? *(partager)*

7 Je . . . à quelque chose. *(penser)*

9 . . . joue au football, le vendredi soir.

10 Vous . . . de la musique? *(écouter)*

Verticalement

2 À Noël, nous . . . des chants de Noël. *(chanter)*

5 Le chat . . . sur la table. *(sauter)*

6 Ma sœur . . . au concert. *(danser)*

8 Est-ce que . . . aimes le sport?

2 Fais des phrases

Pour t'aider, regarde les mots de la case.

1   2   3   4

Je ....   Tu ....   Il ....   Elle ....

....?   ....

5   6   7   8

Nous ....   Vous ....   Ils ....   Elles ....

....

chanter   chercher quelque chose   dessiner   jouer au football/au golf/avec l'ordinateur
préparer un gâteau   travailler dans le jardin

▶ **G** 5.1 ou **TT1** p 82

1 Complète le résumé

Read the French text, then fill in the gaps.

To say '**to the**' or '**at the**' in French, use

• *au* before a .....*masculine*..... word

• *à la* before a (1) .... word

• (2) .... before a singular word beginning with a vowel or silent (3) ....'

• *aux* before (4) .... words

à l'   h
plural
feminine
~~masculine~~

Ce week-end

Samedi soir, je vais **au** match de football, mais ma sœur reste **à la** maison.

Dimanche, ma mère va **à l'**église, mais mon père travaille **à l'**hôtel.

Le samedi matin, nous allons **aux** magasins.

2 Tout le monde travaille

*Des mots masculins: remplis les blancs avec **au** ou **à l'**.*

Exemple: M. Martin travaille ...*au*... stade.

1 Le samedi, je travaille .... café.

2 Mme Lomer et sa sœur travaillent .... musée.

3 Le Docteur Fardeau travaille .... hôpital.

4 Georges travaille .... marché aux poissons.

5 Beaucoup de personnes travaillent .... office de tourisme.

6 Les enfants travaillent .... collège.

7 Mon ami travaille .... cinéma.

8 M. et Mme Gauthier travaillent .... Hôtel de la Gare.

3 Où va-t-on?

*Des mots féminins: remplis les blancs avec **à la** ou **à l'**, et trouve le bon dessin.*

Exemple:

Les touristes vont ...*à la*... cathédrale. ...*F*...

1 Mes parents vont .... maison. ....

2 Les touristes vont .... Tour Eiffel. ....

3 Les petits enfants vont .... école primaire. ....

4 Les familles en vacances vont .... plage. ....

5 M. Khan va .... mosquée. ....

6 Tout le monde va .... fête. ....

7 Il fait chaud, je vais .... piscine. ....

A

B

C

D

E

G

F

H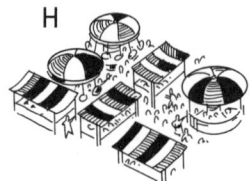

1 **Complète les phrases**

Utilise **au**, **à la**, **à l'** *ou* **aux**, *et trouve le bon dessin.*

Exemple: Je passe mes vacances __à la__ montagne (f). ....A....

1 Vous allez .... centre sportif? (m). ....
2 Le samedi matin, nous allons .... magasins. ....
3 Les animaux aiment habiter .... ferme (f). ....
4 Je vais .... poste (f). ....
5 Mon oncle adore jouer .... golf (m). ....
6 Il donne des poissons .... animaux. ....
7 Elles vont .... église. ....
8 Adolphe est .... aquarium. ....

A

B  C  D  E

F  G  H 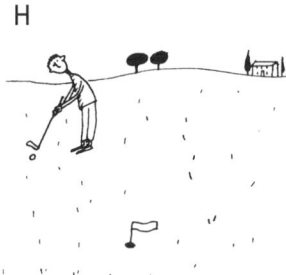 I

2 **Pour aller à . . . ?**

Écris des questions.

Exemple:

Pour aller à la Tour Eiffel?

3
....
....

6
....
....

1
....
....

4
....
....

7
....
....

2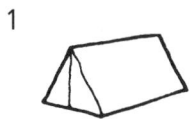
....
....

5
....
....

8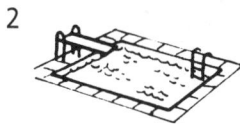
....
....

▶ **G** 11.3 ou **TT1** p 86

1 Complète le tableau

aller (to go)

je	....	I go, am going	nous	allons	.... go, are going
tu	....	you go, are going	vous	....	you ...., are going
....	....	he/it goes, is going	ils	....	they ...., are going
elle	....	.... goes, is going	....	vont	they (f) go, are going
on	....	(some) one goes/is going			

> **Pour t'aider**   Remember that '*on*' can be translated in several different ways, e.g. *on va* – someone goes/people go/we go.

2 Aujourd'hui, c'est samedi

Trouve les paires.

Exemple: Ce matin, je ⟍ *a*..........   a   vais en ville.

1 Tu   ....   b   va au match de football.

2 Mon frère Christophe   c   allez au restaurant avec moi.

3 Cet après-midi, nous   ....   d   vas au parc.

4 Sébastien et Claire, ce soir, vous   ....   e   vais au centre sportif.

5 Mes petites sœurs   ....   f   vont au théâtre.

6 Ma mère et mon père   ....   g   allons chez des amis.

7 Ce soir, je   ....   h   elles vont à l'école primaire.

3 Mots croisés

Horizontalement

1 Voici Christine; elle . . . au café avec moi.

2 Où . . . -tu ce soir?

4 On . . . au cinéma.

6 Marc adore le rugby et . . . va au match.

7 Ce matin, nous . . . au collège.

8 . . . vas au centre commercial?

Verticalement

1 Aujourd'hui, je . . . à la bibliothèque.

3 Où . . . -vous?

5 Tous les enfants . . . à la plage.

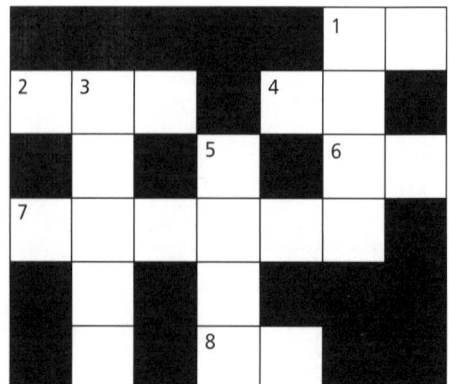

▶ **G** 11.13 ou **TT 1** p 86

1 Une visite à La Rochelle

Exemple: Lundi, on ___*va*___ au vieux port.

1 Mardi, nous _____ à la plage.

2 Mercredi, vous les joueurs, vous _____ au club de tennis.

3 Christine, tu _____ au concert avec moi.

4 Les autres _____ à la piscine.

5 Jeudi, on _____ à l'île de Ré.

6 Vendredi, vous avez le choix: M. Jourdain _____ au Musée Maritime.

7 Moi, je _____ à l'aquarium.

8 Samedi, nous _____ au port.

9 Dimanche, on _____ à l'aéroport à 7 heures.

10 Dimanche soir, moi, je _____ au lit!

2 Complète les conversations

*Complète les conversations avec une forme du verbe **aller**.*

Exemple: Dylan   Où ___*vas*___ -tu Élodie?

Élodie   Je ___*vais*___ au match.

a **Loïc**   Ce soir, nous (1) _____ au club des jeunes. Tu aimes danser?

  Magali   Oui, beaucoup, mais ce soir, je (2) _____ chez des amis et on (3) _____ manger au restaurant.

b **Marie**   Nous (1) _____ au cinéma cet après-midi. Tu viens, Frédéric?

  Frédéric   C'est vrai? Vous (2) _____ tous au cinéma?

  Marie   Oui, on (3) _____ prendre le bus à 2 heures.

  Frédéric   Très bien, à 2 heures alors.

c **Simon**   Salut, Jean, salut, Linda! Vous (1) _____ à la plage?

  Jean   Oui, il fait si beau. Tout le monde (2) _____ à la plage.

d **Un touriste**   Pardon, Mademoiselle, pour (1) _____ à l'Hôtel Splendide, s'il vous plaît?

  Jeune fille   C'est loin, mais (2) _____ à l'office de tourisme pour demander un plan de la ville.

▶ **G** 5.8 ou **TT 1** p 83

1 Mots croisés

Horizontalement

2 behind
4 under
5 between

Verticalement

1 in front of
2 in
3 on

Ex. | ²d | e | r | r | i | è | r | e |

| dans | ~~derrière~~ | sur |
| sous | devant | entre |

2 Dans ma chambre

Trouve la bonne phrase pour chaque dessin.

Exemple:

Exemple: ....*a*....

1

1 ....

2

2 ....

3

3 ....

4

4 ....

5

5 ....

Les phrases:

a Le chat est sur le lit.

b Le chat est sous le lit.

c Il y a une télévision sur la table devant la fenêtre.

d La fenêtre est entre la table et la télévision.

e Il y a des oiseaux sur la lampe.

f Il y a des oiseaux entre la lampe et l'ordinateur.

g Il y a des vêtements sous la chaise.

h Il y a des vêtements sur la chaise.

i Mon cartable est sur la chaise.

j Mon cartable est derrière la chaise.

k Il y a beaucoup de magazines entre la télévision et la radio.

l Il y a beaucoup de magazines devant la radio.

1 Au magasin de vêtements

Complète la description avec devant, derrière ou entre.

Exemple: Les robes sont ....*derrière*.... les T-shirts.

1 Les pantalons sont .... les jupes et les robes.

2 Les pulls sont .... les jupes.

3 Les jupes sont .... les pulls.

4 Les cravates sont .... les pulls et les T-shirts.

5 Les T-shirts sont .... les robes.

6 Les chaussures sont .... les T-shirts.

7 Les chaussettes sont .... les pulls.

8 Les sacs sont .... les chaussettes et les chaussures.

9 Les sacs sont .... les cravates.

10 Les pantalons sont .... les cravates.

2 Ma famille

Complète la description.

Voici une photo de ma famille devant notre maison. Ma mère est (1) .... mon frère, Martin, et mon père. Elle est (2) .... ma grand-mère. Martin est (3) .... mon petit frère, Richard. Je suis (4) .... mon père. (5) .... ma grand-mère, il y a ma petite sœur, Linda. Elle est (6) .... ses deux lapins, Bobtail et Miffy. Ils sont mignons!

► **G** 6.1 ou **TT1** p 92

1 Quelle heure est-il?

Complète les phrases.

Exemple: `1:05` Il est une heure *cinq*

1 `1:10` Il est une heure ....

2 `1:20` Il est ....

3 `1:25` Il est ....

4 `2:05` Il est deux heures ....

5 `3:10` Il est ....

6 `4:20` Il est ....

7 `5:25` Il est ....

8 `7:05` Il est ....

9 `10:20` Il est ....

10 `11:25` Il est ....

Il est une heure/deux heures/trois heures

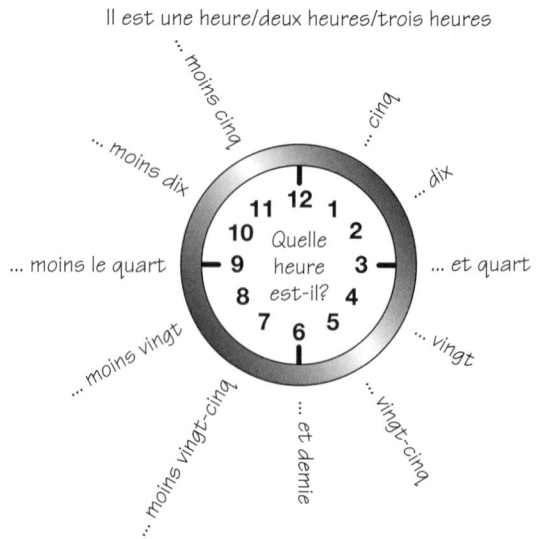

... moins cinq *... cinq*
... moins dix *... dix*
... moins le quart *... et quart*
... moins vingt *... vingt*
... moins vingt-cinq *... vingt-cinq*
... et demie

Quelle heure est-il?

2 Indique l'heure

Exemple: `2:55` Il est trois heures moins cinq.

1 ◯ Il est trois heures moins dix.

2 ◯ Il est trois heures moins vingt.

3 ◯ Il est trois heures moins vingt-cinq.

4 ◯ Il est quatre heures moins cinq.

5 ◯ Il est cinq heures moins dix.

6 ◯ Il est six heures moins vingt.

7 ◯ Il est huit heures moins vingt-cinq.

8 ◯ Il est neuf heures moins dix.

9 ◯ Il est onze heures moins cinq.

10 ◯ Il est une heure moins dix.

3 Midi et minuit

Complète les phrases.

Exemple:

◯ ☀ Il est *midi cinq* ....

1 ◯ ☀ Il est ....

2 ◯ ☀ Il est ....

3 ◯ ☀ Il est ....

4 ◯ ☾ Il est minuit ....

5 ◯ ☾ Il est ....

6 ◯ ☾ Il est minuit moins ....

7 ◯ ☾ Il est ....

8 ◯ ☀ Il est midi moins ....

9 ◯ ☀ Il est ....

10 ◯ ☾ Il est ....

▶ **G** 6.1 ou **TT1** p 92

I 0.15, 0.30, 0.45

Quarter past, half past and quarter to the hour.

Indique l'heure.

Exemple: [1:15] Il est une heure et quart.

1 [   ] Il est trois heures et demie.

2 [   ] Il est quatre heures moins le quart.

3 [   ] Il est sept heures et quart.

4 [   ] Il est huit heures et demie.

5 [   ] Il est neuf heures moins le quart.

Exemple: ✓ Il est midi et demi.

6 Il est minuit et demi.

7 Il est midi et quart.

8 Il est minuit moins le quart.

9 Il est midi moins le quart.

2 **Rendez-vous à quelle heure?**

When shall we meet?

Complète les conversations.

Exemple:

Alors, rendez-vous à
quatre heures vingt-cinq

1
Alors, rendez-vous à
....
....

2
Alors, rendez-vous à
....
....

3
Alors, rendez-vous à
....
....

4 Qu'est-ce que tu fais à
....?
On va au café?

5 Ah non, mais à ....
...., je suis libre. Ça va?

6 Oui, oui. Alors rendez-vous au café à
....

7 Fantastique! Et ce soir, on a rendez-vous à
.... au cinéma.

Pour t'aider

I	masculine	feminine	plural
my	*mon*	*ma*	*mes*
your	*ton*	*ta*	*tes*

2 The correct word for 'my' or 'your' matches the word which follows it, e.g.

    ***mon** pantalon*   ***ma** robe*   ***mes** chaussures*

3 If a singular word begins with a vowel, use *mon* or *ton*, even if the word is feminine, e.g.

    mon ami   *ton ami*
    mon amie   *ton amie*

1 5–4–3–2–1

In the box find five words which are masculine singular.

| ~~un stylo~~   une amie   le dessin |
| l'aquarium   une carte   une gomme |
| les vêtements   un perroquet |
| une orange   des cadeaux   l'emploi |
| un magazine   une télévision |
| le sandwich   un hamster |

Exemple:

5 mon ..*stylo*.............. , mon .... '
mon .... , mon .... '
mon ....

Four words beginning with a vowel (a / e / i / o / u)

4 mon .... , mon .... , mon .... ,
mon ....

Three words which are feminine singular

3 ma .... , ma .... , ma ....

Two plural words

2 mes .... , mes ....

One singular word beginning with 'h'

1 mon ....

2 Des questions

First complete the questions with ton, ta or tes.

Exemple: Quelle est ..*ta*.. couleur préférée?

1 Quel est .... film préféré?

2 T........... anniversaire, c'est quand?

3 T........... chat s'appelle comment?

4 Quel est .... sport préféré?

5 Où est .... sœur?

6 Comment s'appelle .... amie?

7 Quel est .... oiseau préféré?

8 Quels sont .... vêtements préférés?

3 Des réponses

Then complete the answers with mon, ma or mes.

a ..*Mes*.. vêtements préférés sont un jean et un T-shirt.

b M........... anniversaire est le 6 juillet.

c M........... oiseau préféré est le perroquet.

d M........... chat s'appelle Hercule.

e M........... amie s'appelle Claire Rousseau.

f M........... sœur est en ville.

g M........... sport préféré est le rugby.

h M........... film préféré est *Titanic*.

i M........... couleur préférée est rouge.

4 Trouve les paires

Finally, match up the questions with the correct answers.

Exemple: Quelle est ta couleur préférée? ..*i*..

1 .... , 2 .... , 3 .... , 4 .... , 5 .... , 6 .... , 7 .... , 8 ....

► G 4.1 ou T T1 p 20

1 Roseline écrit à son correspondant

Complète la lettre.

> *Salut Patrick!*
>
> *Merci pour ta lettre intéressante. Voici* mes *réponses à tes questions. (1) ....*
> *anniversaire est le dix-huit avril. (2) .... frère s'appelle Olivier, et (3) .... amie*
> *s'appelle Coralie. Le dimanche, j'aime sortir avec (4) .... amis ou jouer avec (5) ....*
> *petit chien ou (6) .... trois cochons d'Inde. (7) .... couleur préférée est l'orange et (8)*
> *.......... sports préférés sont le badminton et le ski. (9) .... émission de télé préférée est*
> *Chanteurs, chanteuses et (10) .... animal préféré est l'éléphant.*

2 Un message pour Michel

Complète le message.

Cher Michel,

Ça va? Aujourd'hui c'est ma fête. *Ta fête* , c'est quand?
C'est samedi, mon jour préféré. Quel est (1) t............................. ?
C'est juillet aussi, mon mois préféré. Quel est
(2) t............................. ?

Aujourd'hui, à midi, on mange au restaurant avec (3) m.............. amis.
Le déjeuner est mon repas préféré. Quel est
(4) t.............................?

Il y a beaucoup de restaurants ici, parce que ma ville est assez grande.
Est-ce que (5) .... est grande ou petite?

Ce soir, à la télé, il y a mon émission préférée – c'est 'Jeux Jeunesse'.
Quelle est (6) t............................. ?

Est-ce que tu aimes le sport? (7) M.............. sports préférés sont le
badminton et le ski. Quels sont (8) t.............. sports préférés?
Maintenant, je vais regarder la télé.

Réponds-moi vite!

Richard

► **G** 4.1 ou **TT1** p 101

I **Complète le résumé**

Marc met son jean noir. Marc is wearing ....*his*.... black jeans.

Sophie prend son sac. Sophie takes .... bag.

Le chat boit son lait. The cat drinks .... milk.

Il cherche sa raquette de tennis. He is looking for .... tennis racket.

Elle met sa veste. She puts on .... jacket.

Le cochon d'Inde est dans sa cage. The guinea pig is in .... cage.

	masculine	feminine	before a vowel	plural
his/her/its	*son*	....	....	....

2 *His*

*Complète avec **son**, **sa** ou **ses**.*

1 Luc regarde .... vêtements.

2 .... sweat-shirt (m) n'est pas propre.

3 Il n'aime pas la couleur de .... jean (m).

4 .... chaussures sont trop petites.

5 Il ne trouve pas .... pull (m).

6 Enfin, il met .... short (m) et .... maillot (m) de football.*

7 Puis il met .... chaussettes et .... baskets.

8 Il met .... affaires dans .... sac de sport (m).

9 Il prend .... argent (m) et il regarde .... montre (f).

10 Il prend .... vélo (m) et il va au stade.

* *maillot de football* football shirt

3 *Her*

*Complète avec **son**, **sa** ou **ses**.*

1 Nicole est dans .... chambre (f).

2 Elle fait .... valise (f).

3 Elle met .... T-shirts, ... jean (m) et .... sweat-shirt (m) dans la valise.

4 Elle cherche .... appareil photo (m).

5 Elle trouve .... chaussures de tennis dans le salon.

6 Elle cherche .... raquette de tennis (f) et .... balles.

7 Elle met .... maillot (m) de bain et .... livre (m) dans la valise.

8 Elle met .... imper (m) et .... gants.

9 Elle regarde .... montre (f).

10 Elle dit au revoir à .... parents et elle va à la gare.

4 *Its*

*Complète avec **son**, **sa** ou **ses**.*

1 Le lapin est dans .... cage (f).

2 Il mange .... carottes.

3 Il boit .... eau (f).

4 Le chat mange .... poisson (m) et boit .... lait (m).

5 Le chien mange .... viande (f).

6 La souris reste dans .... maison (f) et mange .... fromage (m).

7 L'oiseau entre dans .... cage (f).

8 Le poisson est dans .... aquarium (m).

9 Le chat est dans .... boîte (f).

10 Le petit cheval regarde .... mère (f).

▶ **G** 4.1 ou **TT 1** pp 102–103

I Complète le résumé

Choisis les mots de la case.

- In French there are (1) .... words for 'our': *notre* and *nos*.
  If you're using *vous*, there are (2) .... words for 'your': *votre* and *vos*.
- And there are two words for 'their': (3) .... and (4) ....

You have to decide which of the two words to use by looking at the noun which follows – **not** the owner.

Before a singular noun:
- for 'our', use *notre*, e.g. (5) .... *maison*
- for 'your', use (6) .... , e.g. .... *jardin*
- for 'their', use (7) .... , e.g. .... *ville*.

Before a plural noun:
- for 'our', use *nos*, e.g. (8) .... *amis*
- for 'your', use (9) .... , e.g. .... *disques*
- for 'their', use (10) .... , e.g. .... *animaux*.

leur	*leurs*	*nos*
notre	*two*	*vos*
votre	*two*	*votre*
leur	*leur*	*vos*
leurs	*leurs*	

2 On part en vacances

Souligne le bon mot.

Exemple: – Où allez-vous pour (votre / <u>vos</u> / leurs) vacances cette année?

- Cette année, nous allons chez (1) (notre / nos / vos) tante Hélène, (2) (notre / vos / leur) oncle Jacques et (3) (notre / nos / leur) trois cousins. Ils habitent au bord de la mer et (4) (leurs / leur / notre) maison est très grande.
- Ils sont gentils, (5) (votre / notre / vos) cousins?
- Les deux garçons sont très amusants, mais (6) (leur / leurs / notre) sœur est un peu difficile.
- Est-ce qu'ils ont des animaux?
- Bien sûr, ils ont un chien et deux chats. (7) (Leurs / Leur / Votre) chien s'appelle Ludo et (8) (votre / vos / leurs) chats s'appellent Minnie et Mickey.
- Vous allez voyager dans (9) (votre / notre / vos) petite voiture?
- Non, elle est trop petite. On prend la voiture de (10) (leurs / notre / nos) grands-parents – elle est beaucoup plus grande.

3 C'est quoi, en français?

Écris en français.

Exemple: our house   *notre maison*

1 our family   ....
2 your family   ....
3 their family   ....
4 your friends   ....
5 our friends   ....
6 their friends   ....
7 your brother   ....
8 our sisters   ....
9 their parents   ....
10 our cat   ....

► **G** 4.1 ou **TT1** pp 102–103

I Questions et réponses

a *Complète les questions.*

Exemple: C'est ici, __*votre*__ maison?

1 C'est v_____ voiture, là-bas?

2 V_____ collège est près d'ici?

3 Vous faites v_____ courses en ville?

4 Est-ce qu'il y a beaucoup de choses à faire dans v_____ ville?

b *Complète les réponses.*

a Oui, nous faisons n_____ courses en ville le samedi matin.

b Non, n_____ maison est là-bas, en face de l'église.

c Oui, oui. N_____ ville est très grande.

d Non, n_____ voiture est dans le garage.

e Non. Nous prenons l'autobus pour aller à n_____ collège.

c *Trouve les paires.*

Exemple: C'est ici votre maison? __*b*__

1 _____, 2 _____, 3 _____, 4 _____

2 À l'hôtel

Complète les phrases.

Qui parle – le réceptionniste (R) ou les visiteurs (V)?

Exemple: À quelle heure prenons-nous __*notre*__ dîner? __*V*__

1 Quelle est v_____ adresse? _____

2 Quel est v_____ numéro de téléphone en Grande-Bretagne? _____

3 Est-ce que les visiteurs prennent le petit déjeuner dans l_____ chambre? _____

4 Montrez-moi v_____ passeports*, s'il vous plaît. _____

5 Est-ce que les enfants ont la télévision dans l_____ chambre? _____

6 On va mettre v_____ valises** dans v_____ chambre. _____

7 Où sont n_____ chambres, s'il vous plaît? _____

8 Est-ce qu'il y a une place pour n_____ voiture? _____

9 Mettez v_____ voiture sur le parking, derrière l'hôtel. _____

* *un passeport* passport, ** *une valise* suitcase

► G 1.4 ou TT1 p 112

I Complète le résumé

masculine	feminine	before a vowel	plural
du lait	*de la* confiture	*de* l'omelette	*des* poires
.... fromage	.... viande	.... eau	.... légumes

- *du, de la, de l', des* mean 'some' or 'any'.
- *Tu veux* .... *eau minérale?* Do you want some mineral water?
- *Est-ce qu'il y a* .... *pain?* Is there any bread?

2 Complète les listes

a *Des mots masculins: **du***

français	anglais
Exemple: du beurre	*butter*
1 .... chocolat	*chocolate*
2 .... jus de fruit	....
3 .... potage	....
4	*milk*
5 .... poulet	....
6	*fish*
7 .... chou-fleur	....
8 .... chou	....
9	*bread*
10	*sugar*
11	*coffee*
12	*tea*

b *Des mots féminins: **de la, de l'***

Exemple: *de la confiture*	*jam*
1	*salad*
2	*meat*
3	*lemonade*
4	*pizza*
5	*water*
6	*omelette*

c *Des mots pluriels: **des***

Exemple: *des carottes*	*carrots*
1 .... haricots verts	....
2	*chips*
3 .... petits pois	....
4	*bananas*
5 .... fraises	....
6	*apples*
7	*tomatoes*
8 .... pêches	....

► G 1.4 ou TT1 p 112

1 Qu'est-ce qu'il y a pour le pique-nique?

Exemple: Il y a *de la limonade*,

1 ....,
2 ....,
3 ....,
4 ....,
5 ....,
6 ....,
7 ....,
8 ....,
9 et ....

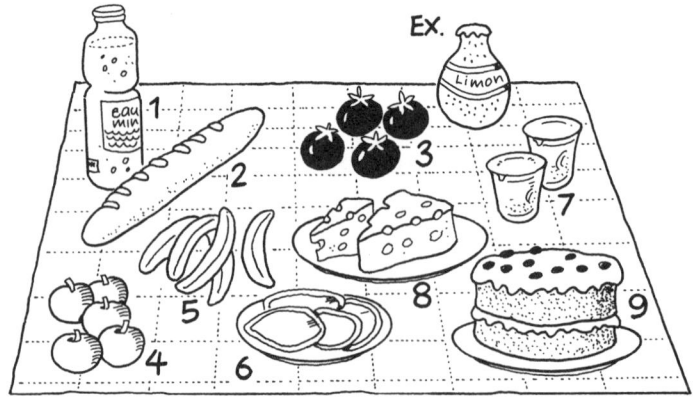

2 Manger, c'est bien

Complète les phrases avec des mots de la case.

1 Au petit déjeuner, je mange des *céréales*, du ....
avec du .... et de la .... , et je bois
du ....

| beurre céréales |
| chocolat chaud |
| confiture pain |

2 Je prends le déjeuner au collège. Voilà un repas typique: du ....
avec des .... et des ...., et comme
boisson, de l' ....

| carottes eau |
| pommes de terre |
| poulet |

3 Pour le goûter, je mange des .... avec du ....
ou de la ...., et je bois du ....

| confiture |
| jus d'orange |
| fromage tartines |

4 Pour le dîner, nous mangeons souvent du ...., puis de
la .... et des .... Comme dessert, il y a des
.... ou du ....

| fruits légumes |
| potage viande |
| yaourt |

3 À toi!

Write a few lines in answer to one of these questions about meals.

1 Qu'est-ce que tu prends au petit déjeuner?
2 Décris un déjeuner typique (avec 3 choses à manger et 1 chose à boire).
3 Décris ton repas préféré.

....
....
....
....
....

► **G** 11.13 ou **TT1** p 113

1 Complète le verbe

prendre (to take)

je	....	I take, am taking
tu	....	you take, are taking
il	....	he/it takes, is taking
elle	....	she/it takes, is taking
on	....	(some) one takes/is taking, we take/are taking
nous	....	we take, are taking
vous	....	you (plural) take, are taking
ils	....	they take, are taking
elles	....	they (f) take, are taking

2 Complète les questions

Exemple: Qu'est-ce que vous ..*prenez*.. comme boisson?

1 Est-ce que tu .... un fruit?

2 Qu'est-ce que Pierre .... au goûter?

3 Est-ce que tes amis .... le déjeuner à la cantine?

4 Est-ce que Nicole .... du sucre?

5 On .... quel autobus pour aller en ville?

6 Est-ce que tes parents .... le train pour aller à Paris?

7 Vous .... un dessert ou du café?

8 À quelle heure est-ce que vous .... le petit déjeuner?

9 Qu'est-ce que tu .... comme boisson?

3 Complète les réponses

a Je .... de l'eau minérale, s'il vous plaît.

b Oui, elle .... du sucre.

c Nous .... le petit déjeuner vers 8 heures.

d Vous .... l'autobus numéro 7.

e Non, ils .... des sandwichs.

f Oui, je .... une pomme.

g Nous .... seulement du café.

h Il .... du pain avec du chocolat.

i Oui, ils .... le train de 8h10.

j Nous .... de l'eau minérale.

4 Trouve les paires

Exemple: Qu'est-ce que vous prenez comme boisson? ....*j*......

1 ...., 2 ...., 3 ...., 4 ...., 5 ...., 6 ...., 7 ...., 8 ...., 9 ....

► G 11.13 ou TT1 p 113

1 Mots croisés

Horizontalement

1 Les Français . . . le dîner entre sept et neuf heures du soir.
3 Ta sœur, est-ce qu' . . . prend des sandwichs au déjeuner?
6 Pour le restaurant, . . . la première rue à gauche.
8 Pour aller au cinéma Rex, . . . prend quel autobus?
9 Qu'est-ce que tu . . . comme dessert?

Verticalement

1 Nous . . . le train de 9 heures.
2 Est-ce que . . . prends du café ou du thé?
4 Claire . . . du jus d'orange.
5 Moi, . . . prends de la limonade.
7 Encore du café? . . . , merci.

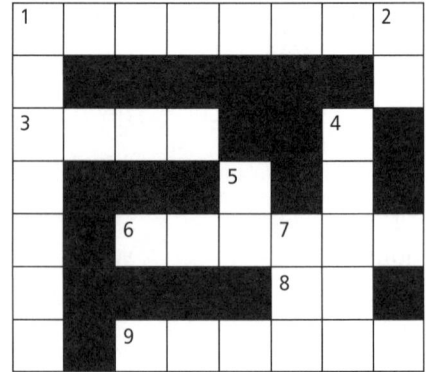

2 Complète la lettre

*Utilise la bonne forme du verbe **prendre**.*

Cher Alex,

Le matin, je _____prends_____ un bon petit déjeuner, des céréales avec un toast et du chocolat chaud. Et toi, qu'est-ce que tu (1) _____ au petit déjeuner?

Je quitte la maison et je (2) _____ l'autobus pour aller au collège. Normalement, le trajet* en autobus (3) _____ trente minutes.

À midi, je (4) _____ le déjeuner à la cantine. Dans ma classe, deux ou trois élèves (5) _____ le déjeuner à la maison. Et toi, est-ce que tu (6) _____ des sandwichs?

Le soir, nous (7) _____ le dîner à sept heures et demie. Et vous, vous (8) _____ le repas du soir à quelle heure?

À bientôt,
Lucie
*trajet journey

3 Réponds à Lucie

Now reply to Lucie's questions 1, 6 and 8.

Chère Lucie
Merci pour ton message. Moi, au petit déjeuner, (1) _____*je prends*_____

► **G** 11.5

1 Complète les deux verbes

manger (to eat)   *commencer* (to start, to begin)

Exemple: je	*mange*	je	....
tu	....	.... commences
il/elle/on	....	il/elle/on commence
nous	....	commençons
....	mangez	vous	....
.... /	mangent	ils/elles	....

Pour t'aider

These two verbs follow the pattern of ordinary -er verbs, except for just one part: the part which follows *nous*.

• In the verb *manger* this part has an extra 'e': *nous mangeons*.

• In the verb *commencer*, this part has a cedilla on the letter 'c': *nous commençons*.

2 Trouve les paires

Exemple: Ce matin je —————— ....*c*....   a commencent à neuf heures moins le quart.

1 Les cours ....   b commençons les cours à deux heures.

2 À midi, mon frère et moi nous ....   c mange mon petit déjeuner très vite.

3 Mais ma petite sœur ....   d commence à une heure et quart.

4 Après le déjeuner, j'ai ma classe de musique qui ....   e mangeons notre repas du soir chez nous.

5 L'après-midi, nous ....   f mange des sandwichs – elle n'aime pas la cantine.

6 Vers sept heures, nous ....   g commence à huit heures du soir.

7 Ce soir, je mange vite – mon émission de télé préférée ....   h mangeons à la cantine.

3 Complète ce message

*Use part of **commencer** or **manger** to fill the gaps in this e-mail from your pen-friend.*

Salut! Comment vas-tu?
En classe, on parle d'une journée typique ici et dans ton pays. Ici les cours *commencent* à neuf heures. À quelle heure est-ce qu'ils (1) .... dans ton collège? Ici, l'heure du déjeuner (2) .... à midi. Et chez toi, le déjeuner (3) .... à quelle heure? Est-ce tu (4) .... à la cantine, comme nous? Nous (5) .... assez vite parce que nous aimons jouer au football avant les cours de l'après-midi, qui (6) .... à deux heures. Chez nous, on (7) .... à six heures et demie le soir. Et toi, tu (8) .... à quelle heure, le soir?

4 Une réponse

Imagine you have received the message in exercise 3. Write a short reply to the questions.

Salut! Dans mon collège les cours *commencent* à neuf heures moins le quart.
Le déjeuner (1) ....

► **G** 7 ou **TT 1** p 116

1 Complète le résumé

- The negative means 'not', 'isn't', 'don't', 'doesn't', etc.
- To say 'not' in French you need two short words:

Exemple: _ne_ (or _n'_ before a vowel) and 1 ....
They go round the verb.

Here are some examples:

français	**anglais**
Exemple: _Il n'est pas français._	He's not French.
2 _Tu ne comprends_ ....?	Don't you understand?
3 _Elle_ .... _joue_ .... _au football._	She doesn't play football.
4 _Je_ .... _crois pas._	I don't think so.
5 _Ce_ .... _est_ .... _juste._	It's not fair.

2 Écris ces mots dans le bon ordre

Exemple: ne cinéma vais au pas Je   _Je ne vais pas au cinéma._

1 ne va Ça pas   ....

2 pas Je comprends ne   ....

3 difficile Ce pas n'est   ....

4 mange pas de viande Elle ne   ....

5 lapins n' Les le poisson pas aiment   ....

6 pas ville aujourd'hui n' Nous allons en   ....

7 ici pas fait beau Il ne   ....

3 Ça ne va pas!

Complete each sentence with a verb in the negative.

Exemple: Luc et Lucie _n'aiment pas_ rester à la maison. (_aimer_)

1 Aujourd'hui, ils .... contents. (_être_)

2 Ils .... au football. (_jouer_)

3 Ils .... leur pique-nique dans le parc. (_manger_)

4 Ils .... à la plage. (_aller_)

5 Ils .... le match au stade. (_regarder_)

6 Ils .... dans le jardin. (_travailler_)

7 Pourquoi? Il .... beau. Il fait un temps affreux! (_faire_)

► **G** 7 ou **TT1** p 116

1 Hercule et Hector

Hercule the dog and Hector the cat are quite different from each other.
Use the negative to help you to describe Hector.

Exemple: Hercule écoute la radio.

Hector *n'écoute pas la radio.*

1 Hercule regarde la télé.

Hector ....

....

2 Hercule est grand.

Hector ....

3 Hercule joue avec les enfants.

Hector ....

4 Hercule aime le sport.

Hector ....

5 Hercule va souvent au parc.

Hector ....

6 Hercule est très intelligent.

Hector ....

7 Hercule mange beaucoup.

Hector ....

8 Hercule est gris.

Hector ....

2 Et toi?

Réponds aux questions à la forme négative.

Exemple: Vas-tu souvent à New York?

Non, je ne vais pas souvent à New York.

1 Vas-tu au collège le dimanche?

....

2 Est-ce que tu joues au cricket?

Non, je ....

ou Oui, mais je ne joue pas (choose another sport) ....

3 Qu'est-ce que tu n'aimes pas?

Je n'aime pas ....

4 Qu'est-ce que tu ne prends pas comme boisson?

Je ne prends pas de ....

5 Qu'est-ce que tu ne manges pas?

....

6 Est-ce que tu parles chinois?

....

7 Est-ce que tu prépares souvent le déjeuner?

....

▶ **G** 11.12 ou **TT 1** p 118

When you use two verbs together in French, the second one is usually an *infinitive*.

1 Complète les phrases

anglais	français	
I like eating in a restaurant	J'(1) .... manger au restaurant.	*manger*
I don't like eating meat.	Je n'aime pas (2) .... de la viande.	*aime*
I hate preparing big meals.	Je (3) .... préparer de grands repas.	*j'adore*
I prefer making sandwiches.	Je (4) .... faire des sandwichs.	*déteste*
I love organising picnics.	(5) .... organiser des pique-niques.	*préfère*

2 Qu'est-ce qu'on va faire?

To say what you are **going to** do in French, use part of the verb *aller* followed by an **infinitive**.

aller + infinitive

Exemple: I am going to listen to the radio. Je vais écouter la radio.

1 Are you going to play tennis? Tu vas .... au tennis?

2 He is going to stay here. Il .... rester ici.

3 She is going to watch TV. Elle va .... la télé.

4 We are going to work. Nous .... travailler.

5 You are going to play tennis. Vous .... jouer au tennis.

6 They are going to play tomorrow. Ils vont .... demain.

7 They are going to sing. Elles vont ....

8 Shall we watch the film? On va .... le film?

9 Who is going to arrive? Qui va ....?

10 The others are going to visit the aquarium. Les autres vont .... l'aquarium

3 À toi!

Ecris des phrases.

(Remember to use infinitives!)

• *Here are a few more expressions to help you.*

> *aller au cinéma*
> *jouer sur l'ordinateur*
> *aller en ville*
> *visiter un musée*
> *ranger mes affaires*
> *faire un pique-nique*

Exemple: J'aime *aller en ville*.

1 J'adore ....

2 Je préfère ....

3 Je n'aime pas ....

4 Je déteste ....

5 Je n'aime pas du tout ....

6 Ce weekend, je vais ....

7 Plus tard, on va ....

▶ **G** 11.11, 11.13 ou **TT1** pp 98, 125

1 Complète le tableau

faire (to do, to make)

je	fais	I do, am doing
tu	....	you do, are doing
il	....	he/it does, is doing
....	fait	she/it does, is doing
on	....	(some) one does/is doing, we do/are doing
nous	faisons	.... do, are doing
....	faites	you (plural) do, are doing
ils	....	they do, are doing
....	font	they (f) do, are doing

2 Trouve les paires

Exemple: Elles font de l'athlétisme. .....*E*.....

1 Il fait très chaud. ....
2 Nous faisons des photos. ....
3 Vous faites une promenade? ....
4 Il fait mauvais. ....
5 Ils font du théâtre. ....
6 Elle fait de l'équitation. ....
7 Tu fais des courses? ....
8 Elles font du ski. ....

Pour t'aider
Notice how in some expressions the verb *faire* is often translated in English by words other than 'do' or 'make', e.g. 'go' or 'take'.

3 Lexique

Trouve les paires.

français		anglais
Exemple: faire de l'équitation	.....*c*.....	a to go shopping
1 faire un gâteau	....	b to read
2 faire de la natation	....	c to go horse-riding
3 faire des photos	....	d to do drama/acting
4 il fait froid	....	e to go swimming
5 faire des courses	....	f to go for a walk
6 faire du théâtre	....	g to make a cake
7 il fait mauvais	....	h to take photos
8 faire de la lecture	....	i it's bad weather
9 faire une promenade	....	j it's cold (weather)

► 🅃🅃1 p 128

1 Complète le résumé

The verb jouer means (1) *to play* .... It is a regular -er verb. Remember to choose the correct preposition to follow it.

– **à** (*au, à la, à l'* or *aux*) + games and sports
– **de** (*du, de la, de l'* or *des*) with (2) ....

• With games or sports: most games are masculine, so use *jouer* **au** (singular) and *jouer* **aux** (plural), e.g.

Le samedi, je joue au football.
Tu joues aux échecs avec moi?

• With musical instruments:

masculine	feminine	before a vowel	plural
du piano	**de la** flûte	**de l'**accordéon	**des** maracas

Notice that to say that you don't play any instrument, use *d'*, e.g.
je ne joue pas (3) .... *instrument.*

Try these examples:

je joue (4) .... *guitare* (f)   *il joue* (6) .... *piano* (m)
je joue (5) .... *tennis* (m)   *elles jouent* (7) .... *cartes*

de la	du	d'
au	aux	to play
musical instruments		

2 Complète les phrases

a Les sports et les jeux

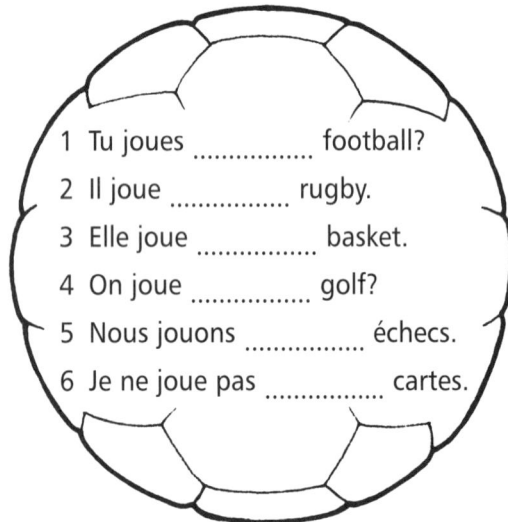

1 Tu joues .... football?
2 Il joue .... rugby.
3 Elle joue .... basket.
4 On joue .... golf?
5 Nous jouons .... échecs.
6 Je ne joue pas .... cartes.

b La musique

1 Vous jouez .... piano?
2 Ils jouent .... guitare.
3 Elles jouent .... violon.
4 Mon frère joue .... flûte.
5 Il ne joue pas .... piano.
6 Ma sœur ne joue pas .... instrument.

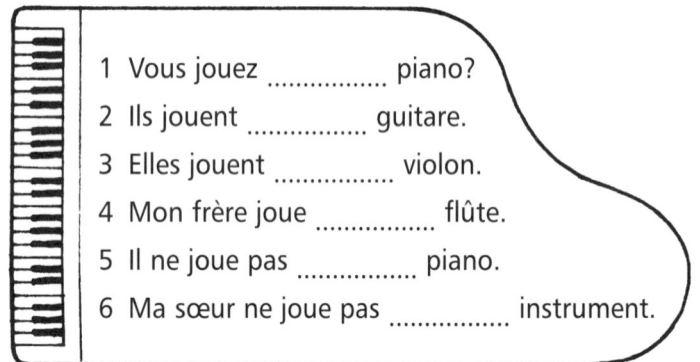

3 Complète ces phrases

Exemple: Ce soir, je *joue au* badminton.

1 Cet après-midi, nous .... cricket.
2 Je .... violon dans l'orchestre de mon école.
3 Est-ce que tu .... piano?
4 Non, mais je .... flûte.
5 Mes amis .... rugby tous les samedis.
6 Je ne .... pas .... badminton, mais j'adore le tennis de table.
7 Vous .... football ce week-end?
8 Non, il fait trop chaud. On .... tennis.
9 On va au concert ce soir, parce que ma sœur .... guitare.
10 Moi aussi, parce que mes frères .... piano.

▶ **T·T 1** p 128

I Une lettre d'Alex

a *Complète les blancs a–h.*

Salut!

Merci de ta lettre intéressante. Moi aussi, j'aime le sport. Je joue (Ex.) __au__ football en hiver et (a) .... tennis en été. (1) Est-ce que tu joues (b) .... football? (2) Qu'est-ce que tu fais comme sports? En hiver, quand il fait froid, je joue (c) .... échecs avec mon frère. (3) Est-ce que tu joues (d) .... échecs ou (e) .... cartes?

(4) Est-ce que tu joues (f) .... un instrument de musique? Dans ma famille, nous jouons tous (g) .... guitare. (5) Toi, tu joues (h) .... quel instrument?

À bientôt!

Alex

b *Now write your own answer to Alex's letter, making sure you reply to his questions 1–5.*

Cher Alex,

Merci de ta lettre. Oui, je joue au football. / Non, je ne joue pas au football.

....

....

....

....

....

....

► **G** 6.2 ou **T T 1** p 137

1 Cherche la montre!

Here are eight watch faces: match each one to the correct time.

A
13:20

B
14:25

C
15:10

D
16:30

E
17:40

F
19:45

G
20:55

H
23:35

Exemple: Il est vingt heures
cinquante-cinq ..... *G* .....

1 Il est dix-neuf heures
quarante-cinq ....

2 Il est treize heures vingt ....

3 Il est vingt-trois heures
trente-cinq ....

4 Il est quinze heures dix ....

5 Il est quatorze heures
vingt-cinq ....

6 Il est seize heures trente ....

7 Il est dix-sept heures
quarante ....

2 Un jeu de logique

Read the information (1–5), then answer the questions (a–f).

> 1 Le train part à treize heures vingt et il arrive à seize heures dix.
>
> 2 Le bus part à quatorze heures vingt-cinq et arrive à Paris à dix-neuf heures.
>
> 3 Le match commence à dix-huit heures quinze.
>
> 4 Le film au Cinéma Royal commence à dix-sept heures trente.
>
> 5 Le concert au grand stade commence à vingt heures quarante-cinq.

Exemple: Does the train arrive before or after the bus?   *before* .....

a Does the train start out before or after the bus? ....

b The train journey takes a) about 3 hours, b) about 2 hours, c) about 4 hours ....

c The bus journey takes a) about 3 hours, b) about 4 hours, c) about 5 hours ....

d If you want to see the match you need to travel by ....

e If you catch the bus, which event can you go to? ....

f If you want to see the film you should travel by ....

► **G** 11

1 Complète les verbes

Complete these verbs – they are all used a lot.

jouer to play (regular -er verb)

je Ex. *joue* .... jouons
tu .... vous ....
il/elle/on .... ils/elles ....

être (to be)

je .... sommes
tu .... vous ....
il/elle/on .... ils/elles ....

aller (to go)

.... vais .... allons
tu .... vous ....
il/elle/on .... vont

faire (to do, make)

je .... nous ....
.... fais .... faites
il/elle/on .... ils/elles ....

avoir (to have)

j' .... avons
tu .... avez
.... a ils/elles ....

prendre (to take)

je .... nous ....
.... prends .... prenez
il/elle/on .... ils/elles ....

2 Complète la lettre

Salut!

Je (Ex. être) ..*suis*.. ton nouveau correspondant français. Je m'appelle

Dominic, et j' (1 avoir) .... douze ans. Dans ma famille, nous (2 être)

.... cinq. Il y (3 avoir) .... mes parents, mon frère, ma sœur

et moi. Nous (4 avoir) .... aussi deux chats. Et toi, (5 avoir) ....

-tu un animal?

Nous (6 habiter) .... à La Rochelle. J' (7 aimer) .... bien la ville.

Je (8 prendre) .... le bus pour aller au collège.

Mes parents (9 travailler) .... dans un magasin de sport. Toute la famille

(10 adorer) .... le sport, sauf moi. Ma sœur (11 jouer) .... au

basket, et mes parents (12 jouer) .... au tennis. Moi, j' (13 adorer)

.... la musique. Et toi, tu (14 aimer) .... la musique aussi?

Le samedi soir, je (15 regarder) .... des émissions de musique à la télé.

Et quelquefois je (16 aller) .... à un concert. Et toi, qu'est-ce que tu

(17 faire) .... samedi soir?

À bientôt,
Dominic

► **G** 11.9 ou **TT1** p 130

1 Français/anglais

a Which of these sentences refer to the past?

Exemple: 1

1 Qu'est-ce que tu as fait samedi dernier?
2 Qu'est-ce que tu fais samedi?
3 J'ai joué au tennis.
4 Je joue au tennis.
5 Et moi, je fais du shopping.
6 Et moi, j'ai fait du shopping.

b Match phrases 1–5 with their English meaning.

Exemple: 1d

a I'm playing tennis.
b I played tennis.
c What are you doing on Saturday?
d What did you do last Saturday?
e And I went shopping.
f And I'm going shopping.

2 Complète le résumé

Complete these notes.

Present tense

1a Qu'est-ce que tu fais mercredi?
2a Je joue au football.
3a Et moi, je fais du ski.
4a Tu passes combien de temps à Paris?

All the **a** sentences are about the (Ex.) <u>present</u>.
The action is still happening or happens regularly.
In the **a** sentences the verb is in the (1) .... tense
In the **present** tense, the verb is usually just (2) .... word.

Perfect tense

1b Qu'est-ce que tu as fait mercredi dernier?
2b J'ai joué au football.
3b Et moi, j'ai fait du ski.
4b Tu as passé combien de temps à Paris?

All the **b** sentences are about the (3)...... .
The action is completed.
In the **perfect** tense, the verb is usually (4) .... words. (Here, avoir + past participle.)

3 Time phrases

Time phrases can help you work out whether a phrase or sentence refers to the present or the past.
Trouve les paires

Exemple: b

Ex. Hier
1 Le week-end dernier
2 Aujourd'hui
3 Lundi dernier
4 La semaine dernière
5 L'année dernière
6 Normalement
7 Hier soir

a Last year
b Yesterday
c Usually
d Last week
e Last Monday
f Yesterday evening
g Today
h Last weekend

Pour t'aider

Faire	du	dessin
		ski
	de la	peinture
		natation
	des	photos

4 Qu'est-ce que tu as fait mercredi dernier?

Réponds pour ces personnes.

a **Exemple:** J'ai joué au badminton.

b **Exemple:** J'ai fait du dessin.

▶ **G** 11.9 ou **TT1** p 130

Past participle of regular –er verbs

In the perfect tense, the verb is usually two words: an auxiliary ('helping') verb + a past participle.

The past participle of *jouer* is *joué*

Other regular –er verbs form their past participle in the same way.

■ Hier

a Souligne le participe passé

Ex. J'ai <u>quitté</u> la maison à 9 heures.

1 Le matin, j'ai retrouvé mes amis au parc.

2 J'ai joué au football.

3 À midi j'ai mangé une pizza.

4 J'ai passé l'après-midi à la maison.

5 D'abord, j'ai surfé sur Internet.

6 Puis j'ai envoyé des messages à mes amis.

7 Plus tard, j'ai rangé ma chambre.

8 Le soir, j'ai regardé un DVD.

b Trouve le français pour ces phrases dans le texte et copie les phrases.

1 I left home. ....

2 I met up with my friends ....

3 I watched a DVD. ....

4 I spent the afternoon at home. ....

5 I surfed the net. ....

6 I tidied my room. ....

2 Le week-end dernier

Complète les phrases

a Samedi

Ex. J'ai écouté... mon iPod. (écouter)

1 D'abord, j'ai .... (danser)

2 Puis j'ai ....(chanter)

3 Plus tard, j'ai .... de la guitare. (jouer)

4 J'ai ....un concert à la télé. (regarder)

5 J'ai .... mes devoirs. (commencer)

b Dimanche

1 .... la journée à la maison. (passer)

2 Le matin, ... sur l'ordinateur. (travailler)

3 .... ma chambre. (ranger)

4 .... un lapin pour ma petite sœur. (dessiner)

5 Le soir, ... à mes amis. (téléphoner)

1 Nouns and articles

A noun is the name of someone or something or the word for a thing, e.g. Melanie, Mr. James, a book, work. The definite article is the word for 'the' (*le, la , l', les*) used with a noun, when referring to a person or thing. The indefinite article is the word for 'a', 'an', 'some' (*un, une, des*) used with a noun.

In French, the article indicates whether the noun is masculine (*le, un*), feminine (*la, une*) or plural (*les, des*). Articles may be missed out in English, but not in French.

1.1 Masculine and feminine

All nouns in French are either masculine or feminine.

masculine singular	feminine singular
le garçon *un* village	*la* fille *une* ville
before a vowel	
*l'*appartement	*l'*épicerie

Nouns which refer to people often have a special feminine form, which usually ends in -e.

masculine	feminine
un ami	*une ami*e

But sometimes there is no special feminine form.

un élève	*une élève*

1.2 Is it masculine or feminine?

Sometimes the ending of a word gives a clue as to whether it's masculine or feminine.

endings normally masculine	exceptions	endings normally feminine	exceptions
-age -aire -é -eau -eur -ier -in -ing -isme -ment -o	*une image* *l'eau (f)* *la fin* *la météo*	-ade -ance -ation -ée -ère -erie -ette -que -rice -sse -ure	*un lycée* *le plastique* *un moustique* *un kiosque*

1.3 Singular and plural

Nouns can be singular (referring to just one thing or person) or plural (referring to more than one):

un chien a dog   *des chiens* dogs

Most nouns form the plural by adding an -s. This is not usually sounded, so the word may sound the same.

The words *le, la* and *l'* become *les* in the plural and this does sound different. The words *un* and *une* become *des*.

singular	plural
le chat	*les chats*
la maison	*les maisons*
l'ami	*les amis*
un livre	*des livres*
une table	*des tables*

However, a few words have a plural ending in **-x**. This is not sounded either.

un oiseau *un jeu* *un chou*	*des oiseaux* *des jeux* *des choux*

Nouns which already end in **-s**, **-x** or **-z** don't change in the plural.

un repas *le prix*	*des repas* *les prix*

1.4 Some or any (the partitive article)

The word for 'some' or 'any' changes according to the noun it is used with.

singular			plural
masculine	feminine	before a vowel	(all forms)
du pain	*de la viande*	*de l'eau*	*des poires*

To say 'isn't a, isn't any' and 'not a, not any' use *ne ... pas de*.

Il n'y a pas de piscine.	There isn't a swimming pool.
Je n'ai pas d'argent.	I haven't any money.
Il n'y a pas de fraises.	There aren't any strawberries.
Je n'ai pas de frères.	I haven't any brothers.

2 Adjectives

An adjective tells you more about a noun.

In French, adjectives agree with the noun, which means that they are masculine, feminine, singular or plural to match the noun.

2.1 Regular adjectives

singular		plural	
masculine	feminine	masculine	feminine

Many adjectives follow this pattern:

grand *petit*	*grande* *petite*	*grands* *petits*	*grandes* *petites*

Adjectives which end in -*u*, -*i* or -*é* follow this pattern, but although the spelling changes, they don't sound any different when you say them:

bleu *joli*	*bleue* *jolie*	*bleus* *jolis*	*bleues* *jolies*

Adjectives which already end in -e (with no accent) have no different feminine form:

jaune	*jaune*	*jaunes*	*jaunes*

Adjectives which already end in -*s* have no different masculine plural form:

français	*française*	*français*	*françaises*

Adjectives which end in -*er* follow this pattern:

cher	*chère*	*chers*	*chères*

Adjectives which end in -*eux* follow this pattern:

délicieux	*délicieuse*	*délicieux*	*délicieuses*

Some adjectives double the last letter before adding an -e for the feminine form:

gros *bon*	*grosse* *bonne*	*gros* *bons*	*grosses* *bonnes*

2.2 Irregular adjectives

Many common adjectives are irregular, and you need to learn each one separately. Here are two common ones:

blanc	*blanche*	*blancs*	*blanches*
long	*longue*	*longs*	*longues*

A few adjectives do not change at all and are known as invariable:

marron	*marron*	*marron*	*marron*

2.3 Word order

In most cases adjectives and words which describe nouns follow the noun. This is different from English.

un film très intéressant	a very interesting film
un sport dangereux	a dangerous sport

All colours and nationalities go after the noun.

un pantalon gris	grey trousers
mon correspondant français	my French penfriend

However, some common adjectives, like *grand*, *petit*, *bon*, *beau* (*belle*) do come in front of the noun.

un grand bâtiment	a large building
un petit chat	a little cat
un bon repas	a good meal
une belle ville	a beautiful city

3 Pronouns

3.1 Subject pronouns

Subject pronouns are pronouns like 'I', 'you', etc. which usually come before the verb:

je	I
tu	you (to a young person, close friend, relative, animal)
il	he, it
elle	she, it
on	one, you, we, they, people in general
nous	we
vous	you (plural; to one adult you don't know well)
ils	they (masculine or mixed group)
elles	they (feminine group)

Claire n'est pas à la maison. **Elle** *est au cinéma.*	Claire isn't at home. **She's** at the cinema.
Son père est anglais, mais **il** *travaille en France.*	Her father is English but **he** works in France.

3.2 *moi* (me), *toi* (you)

These words are used to add emphasis and after prepositions.

Moi, *je préfère le badminton au tennis.*	**Me,** I prefer badminton to tennis.
Et **toi**, *qu'est-ce que tu aimes comme sport?*	And what sports do **you** like?
Ma sœur et **moi**, *nous aimons jouer au tennis au parc.*	My sister and I like playing tennis in the park.
Tu as ta raquette avec **toi**?	Do you have your racket with you?
Je passe chez **toi** *samedi matin.*	I'll come to your house on Saturday morning.

4 Possession

4.1 Possessive adjectives

Possessive adjectives are words like 'my', 'your', 'his', 'her', 'its', 'our', 'their'. They show who something belongs to. In French, the possessive adjective agrees with the noun that follows (the possession) and not with the owner. Be careful when using *son*, *sa* and *ses*.

	singular			plural
	masculine	feminine	before a vowel	(all forms)
my	*mon*	*ma*	*mon*	*mes*
your	*ton*	*ta*	*ton*	*tes*
his/her/its	*son*	*sa*	*son*	*ses*
our	*notre*	*notre*	*notre*	*nos*
your	*votre*	*votre*	*votre*	*vos*
their	*leur*	*leur*	*leur*	*leurs*

Son, sa, ses can mean 'his', 'her' or 'its'. The meaning is usually clear from the context.

Paul mange son déjeuner.	Paul is eating his lunch.
Marie mange son déjeuner.	Marie is eating her lunch.
Le chien mange son déjeuner.	The dog is eating its lunch.

Before a feminine noun beginning with a vowel, you use *mon*, *ton* or *son*:

Mon amie s'appelle Nicole.	My (girl)friend is called Nicole.
Où habite ton amie Anne?	Where does your friend Anne live?
Son école est fermée aujourd'hui.	His/Her school is closed today.

4.2 *de* + noun

There is no use of apostrophe 's' in French, so to say Lucie's bag or Marc's book, you have to use *de* + the name of the owner.

C'est le sac de Lucie.	It's Lucie's bag.
C'est le cahier de Marc.	It's Marc's exercise book.

If you don't use a person's name, you have to use the correct form of *de*.

C'est le livre du professeur.	It's the teacher's book.
C'est la voiture de la famille française.	It's the French family's car.
Il est dans la salle des profs.	He is in the staffroom.

4.3 *à* + name

Another way of saying who something belongs to is to use *à* + the name of the owner or an emphatic pronoun (*moi, toi* etc.)

C'est à qui, ce livre?	Whose book is this?
C'est à toi?	Is it yours?
Non, c'est à Jean-Pierre.	No, it's Jean-Pierre's.
Ah oui, c'est à moi.	Oh yes, it's mine.

5 Prepositions

A preposition is a word like 'to', 'at' or 'from'. It often tells you where a person or thing is located.

5.1 *à* (to, at)

The word *à* can mean 'to' or 'at'. When it is used with *le*, *la*, *l'* and *les* to mean 'to the . . .' or 'at the . . .', it takes the following forms:

singular			plural
masculine	feminine	before a vowel	(all forms)
au parc	*à la piscine*	*à l'épicerie* *à l'hôtel*	*aux magasins*

On va au parc?	Shall we go to the park?
Luc va à la piscine.	Luc is going to the pool.
Elle va à l'hôtel.	She's going to the hotel.
Moi, je vais aux magasins.	I'm going to the shops.

The word *à* can be used on its own with nouns which do not have an article (*le, la, les*):

Il va à Paris.   He is going to Paris.

5.2 *de* (of, from)

The word *de* can mean 'of' or 'from'. When it is used with *le, la, l'* and *les* to mean 'of the . . .' or 'from the . . .', it takes the same forms as when it means 'some' or 'any' (see section **1.4**):

singular			plural
masculine	feminine	before a vowel	(all forms)
du parc	*de la piscine*	*de l'épicerie* *de l'hôtel*	*des magasins*

The word *de* is often used together with other words, e.g. *en face de* (opposite), *à côté de* (next to), *près de* (near).

La poste est en face des magasins.   The post office is opposite the shops.
La banque est à côté de l'hôtel.   The bank is next to the hotel.
La piscine est près du camping.   The swimming pool is near the campsite.

The word *de* can be used on its own with nouns which do not have an article (*le, la, les*):

Il arrive de Paris.   He is arriving from Paris.

5.3 *en* (by, in, to, made of)

En is used with most means of transport:

en autobus   by bus
en voiture   by car

You use *en* with dates, months and seasons (except *le printemps*)

en 1900   in 1900
en janvier   in January
en hiver   in Winter (but *au printemps* – in Spring)

It is used to say what something is made of:

des bracelets en métal   metal bracelets

5.4 *chez* (to, at the house of)

Rendez-vous chez moi à six heures.   Let's meet at 6.00 at my house.
On va chez mes grands-parents.   We go to my grandparents'.

5.5 *pour* (for)

Pour mon anniversaire, j'ai reçu beaucoup de cadeaux.   For my birthday, I received lots of presents.

5.6 *pendant* (during)

Qu'est-ce que tu fais pendant les vacances?   What do you do during the holidays?

5.7 *avec* (with); *sans* (without)

Je joue au tennis avec mes amis.   I play tennis with my friends.
Je vais prendre du poisson, mais sans sauce.   I'll have the fish but without the sauce.

5.8 Other prepositions

à côté de	beside	*entre*	between
dans	in	*loin de*	far from
derrière	behind	*près de*	near to
devant	in front of	*sur*	on
en face de	opposite	*sous*	underneath, below

6 Time, numbers and dates

6.1 Time

Il est une heure/deux heures/trois heures …

. . . *moins cinq* **11** **12** **1** . . . *cinq*
. . . *moins dix* **10** . . . **2** . . . *dix*
. . . *moins le quart* **9** *Quelle heure est-il?* **3** . . . *et quart*
. . . *moins vingt* **8** . . . **4** . . . *vingt*
. . . *moins vingt-cinq* **7** **6** **5** . . . *vingt-cinq*
. . . *et demie*

| 12:00 | *Il est midi.*
Il est minuit. | 12:30 | *Il est midi et demi.*
Il est minuit et demi. |

6.2 24-hour clock

The 24-hour clock is used widely in France for times of events, bus and train timetables, etc.

Le train part à treize heures quinze.   The train leaves at 13.15. (1.15pm)

6.3 Numbers

0	*zéro*	30	*trente*
1	*un*	31	*trente et un*
2	*deux*	40	*quarante*
3	*trois*	41	*quarante et un*
4	*quatre*	50	*cinquante*
5	*cinq*	51	*cinquante et un*
6	*six*	60	*soixante*
7	*sept*	61	*soixante et un*
8	*huit*	70	*soixante-dix*
9	*neuf*	71	*soixante et onze*
10	*dix*	72	*soixante-douze*
11	*onze*	80	*quatre-vingts*
12	*douze*	81	*quatre-vingt-un*
13	*treize*	82	*quatre-vingt-deux*
14	*quatorze*	90	*quatre-vingt-dix*
15	*quinze*	91	*quatre-vingt-onze*
16	*seize*	100	*cent*
17	*dix-sept*	200	*deux cents*
18	*dix-huit*	720	*sept cent vingt*
19	*dix-neuf*	1000	*mille*
20	*vingt*	2012	*deux mille douze*
21	*vingt et un*	*premier (première)*	first
22	*vingt-deux*	*deuxième*	second
23	*vingt-trois*	*troisième*	third

6.4 Days of the week

lundi	Monday	*vendredi*	Friday
mardi	Tuesday	*samedi*	Saturday
mercredi	Wednesday	*dimanche*	Sunday
jeudi	Thursday		

6.5 Months of the year

janvier	January	*juillet*	July
février	February	*août*	August
mars	March	*septembre*	September
avril	April	*octobre*	October
mai	May	*novembre*	November
juin	June	*décembre*	December

6.6 The date

Le premier mai, c'est une fête en France.   1st May is a holiday in France.
Mon anniversaire est le 2 septembre.   My birthday is on 2nd September.

6.7 in, on, at + days/time of day

There is no word for 'in' or 'on' or 'at' in the following expressions:

Le lundi, je vais à la piscine. — On Mondays I go to the swimming pool.

Qu'est-ce que tu fais le soir? — What do you do in the evenings?

7 The negative

To say what is **not** happening or **doesn't** happen (in other words to make a sentence negative), you put *ne* (*n'* before a vowel) and *pas* round the verb.

*Il n'y a **pas** de cinéma* — There is no cinema.
*Je **ne** joue **pas** au badminton.* — I don't play badminton.
*Elle **ne** mange **pas** de viande.* — She doesn't eat meat.

Remember to use *de* after the negative instead of *du, de la, des, un,* or *une,* (except with the verb *être*):

Avez-vous du lait? — Have you any milk?
Non, il n'y a pas de lait. — No, there isn't any milk.

8 Questions

8.1 Question words

Qui est-ce? — Who is it?
Quand arrivez-vous? — When are you arriving?
Comment est-il? — What is it/he like?
Comment ça va? — How are you?
Il y a combien d'élèves dans votre classe? — How many pupils are there in your class?
Qu'est-ce que c'est? — What is it?
C'est à quelle heure, le concert? — What time is the concert?
Où est le chat? — Where's the cat?
Qu'est-ce qu'il y a à la télé? — What's on TV?
De quelle couleur est ton sac? — What colour is your bag?
Quel temps fait-il? — What's the weather like?
Pourquoi? — Why?

8.2 Asking questions

There are several ways of asking a question in French.

- You can just raise your voice in a questioning way:
  Tu as des frères? — Do you have brothers?
- You can add *Est-ce que* to the beginning of the sentence:
  Est-ce que tu as un animal? Do you have a pet?
- You can turn the verb around:
  Jouez-vous au badminton? Do you play badminton?
- You can use *Qu'est-ce que (qu') . . . ?* meaning 'What . . . ?'.
  Qu'est-ce qu'il fait? — What is he doing?
  Qu'est-ce que tu prends au petit déjeuner? — What do you have for breakfast?
- You can use a question word, e.g.
  Combien (de)? — How much? How many?
  Comment? — How?
  Où? — Where?
  Pourquoi? — Why?
  Quand? — When?
  Qui? — Who?
- The word *quel* (which ..., what ...) changes its form, like an adjective:
  Quel temps fait-il? — What's the weather like?
  Quelle heure est-il? — What time is it?
  Quels sont tes sports préférés? — What are your favourite sports?
  Quelles matières préférez-vous? — Which school subjects do you prefer?

8.3 *Pourquoi? Parce que ...*

The question *Pourquoi?* (Why?) is often answered by the phrase *parce que (qu')* . . . (because).

Tu n'aimes pas l'anglais. Pourquoi? — You don't like English. Why?
Parce que c'est ennuyeux. — Because it's boring.

9 Conjunctions

Conjunctions (a type of connective) link two parts of a sentence.

et	and	*où*	where
mais	but	*quand*	when
ou	or	*comme*	as
parce que (qu')	because		

Mon frère ne mange pas de légumes, mais il adore le chocolat et les gâteaux. — My brother doesn't eat vegetables, but he loves chocolate and cakes.

La banque, où mon père travaille, est près d'ici. — The bank, where my father works, is near here.

10 Adverbs

Adverbs usually tell you how, when, how often or where something happened or how much something is done.

Adverbs of time:

aujourd'hui	today
ce matin	this morning
bientôt	soon
maintenant	now
d'abord	first of all
puis	next
ensuite	then, next
après	after(wards)
plus tard	later
finalement	finally
demain	tomorrow

Adverbs of frequency:

de temps en temps	from time to time
normalement	normally
quelquefois	sometimes
souvent	often

Adverbs of place:

ici	here
là-bas	over there
loin	far
près (de)	near (to)
à gauche (de)	to the left (of)
à droite (de)	to the right (of)
en face (de)	opposite
tout près	nearby

Adverbs of manner:

bien	well
lentement	slowly
mal	badly
vite	quickly

Adverbs of degree:
These are sometimes called qualifiers or intensifiers.

assez	quite
beaucoup	alot, much
plus	more
très	very

*Je joue **assez souvent** au tennis.* — I play tennis **quite often.**

| Parlez **plus lentement**, s'il vous plaît. | Speak **more** slowly, please. |
| Il fait **très** froid ici. | It's **very** cold here. |

11 Verbs

Most verbs describe what people or things are doing or what is happening.

Je regarde un film.	I am watching a film.
Je passe le week-end ici.	I'm spending the weekend here.
chez ma grand-mère.	at my grandma's.

11.1 Infinitive

This is the form of the verb which you would find in a dictionary. It means 'to ...', e.g. *parler* – to speak. The infinitive never changes its form. From the infinitive, you have to choose the correct part of the verb to go with the subject (*je, tu, Hugo, les élèves*, etc.).

Verbs are often set out in a special way (known as a **paradigm**) in verb tables and grammar books.

11.2 Tense

The **tense** of the verb tells you when something happens, is happening, is going to happen or has happened. In Stage 1, you have mainly used the present tense, but you have also used some examples of the future (*aller* + infinitive) and the past tense (*j'ai joué, j'ai fait*). You will learn more about different tenses in Stage 2.

11.3 The present tense

The present tense describes what is happening now, at the present time or what happens regularly.

There is only one present tense in French.

Je travaille ce matin.	I am working this morning.
Elle joue au tennis.	She plays tennis.
Il parle anglais.	He does speak English.

11.4 Some regular -er verbs

All regular **-er** verbs, including the verbs listed below, follow the same pattern as *parler*.

adorer	to love, adore
aimer	to like, love
arriver	to arrive
chercher	to look for
cliquer	to click
détester	to hate
écouter	to listen to
entrer	to enter
habiter	to live in
jouer	to play
penser	to think
regarder	to watch, look at
rentrer	to come back
rester	to stay
surfer	to surf
taper	to type
téléphoner	to phone
travailler	to work

11.5 Slightly irregular -er verbs

Some verbs are only slightly different.

The second accent on *préférer* changes to a grave accent in the singular and in the 3rd person plural.

préférer	je	préfère	nous	préférons
(to prefer)	tu	préfères	vous	préférez
	il/elle/on	préfère	ils/elles	préfèrent

Verbs like *manger, ranger* and *partager* have an extra -e- in the *nous* form. This is to make the g sound soft, as in *géographie*.

manger	je	mange	nous	mangeons
(to eat)	tu	manges	vous	mangez
	il/elle/on	mange	ils/elles	mangent

A regular -er verb

The part of the verb which stays the same is called the **stem** – in this case *parl-*.

Each pronoun (*je, tu, il* etc. – the **person** of the verb) has its own matching ending, e.g. *nous parlons, ils parlent*.

Most of the endings of **-er** verbs sound the same or are silent, although they are not spelt the same. Only these two **sound** different.

parler	to speak (a regular **-er** verb)		
	singular		plural
1st person			
je parle	I speak, I'm speaking	nous parlons	we speak, we're speaking
2nd person			
tu parles	you speak, you're speaking	vous parlez	you speak, you're speaking
3rd person			
il parle	he speaks, he's speaking	ils parlent	they (masc. or mixed group) speak, they're speaking
elle parle	she speaks, she's speaking		
on parle	one speaks (we, people in general speak)	elles parlent	they (feminine) speak, they're speaking

The bit that changes is called the **ending**, e.g. -er, -e and all the parts in bold type in this box.

Use *tu* for
• a friend
• a close relative
• someone of the same age or younger
• an animal.

Use *vous* for
• two or more people
• an older person.